어휘를 알아야 만점을 잡는다!

스토리텔링식 신교과서 학습을 위한

마법의 상위권 어휘

초등 5-1 단계

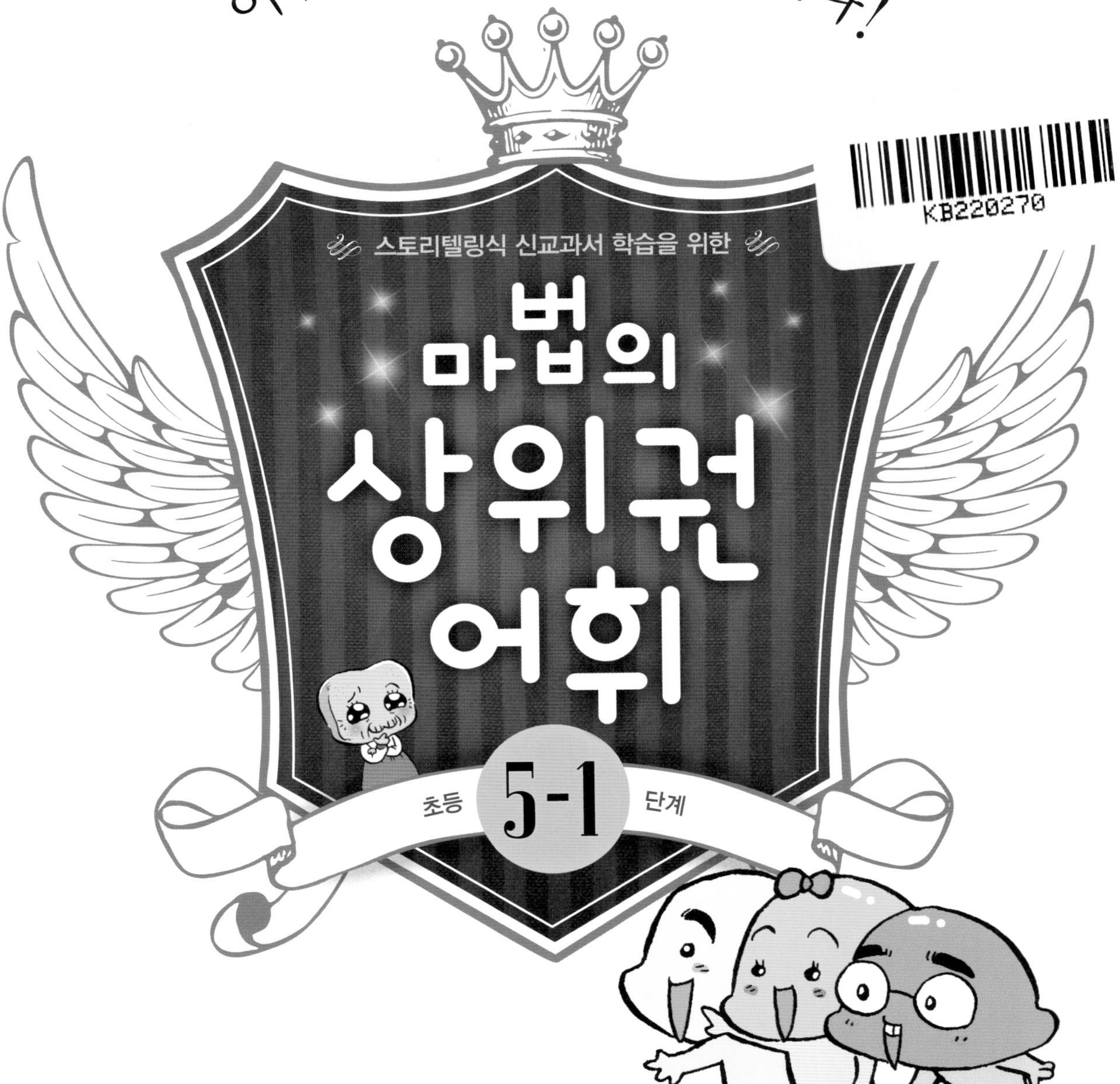

상위권이 되려면 어휘부터 잡아라!

학교 공부란 책을 읽고 그 속에 담긴 지식과 생각을 바르게 이해하고, 자기 생각을 말과 글을 통해 정확히 표현하는 것입니다. 그러므로 학교 공부는 다양한 내용의 어휘를 마음껏 부리어 사용하는 활동이라고 해도 지나친 말이 아닙니다. 학교 공부를 잘하려면 어휘력이 있어야 한다는 말은 그래서 나온 것입니다. 어휘력이 높은 학생이 그렇지 못한 학생보다 좋은 성적을 받고 있는 것은 실험을 통해서도 확인이 된 사실입니다.

"한자 공부는 어휘 학습에 꼭 필요해요."

어휘력을 키우기 위해서는 어휘 공부를 별도로 해야 합니다. 책을 많이 읽으면 일반 생활 어휘는 익힐 수 있습니다. 그러나 교과서에 나오는 학습 어휘, 예를 들어 축척 · 등고선 · 침식 · 퇴적과 같은 어휘는 동화책이나 인물 이야기에서는 배우기 어렵습니다. 이러한 학습 어휘는 학교 공부에서 중요한 역할을 하기 때문에 따로 배우지 않으면 안 됩니다. 〈마법의 상위권 어휘〉는 학습 어휘를 재미있게 배울 수 있도록 만든 좋은 어휘 교재입니다.

그런데 이러한 학습 어휘는 대부분 한자로 되어 있지요. 그래서 어휘 공부를 하려면 한자를 함께 배우지 않으면 안 됩니다. 문제는 한자 학습법이 아직도 '무조건 외워라' 하고 강요하는 방식이라는 점이지요. 하지만 이제는 바꿔야 합니다. 무조건 외우는 천자문식 학습법 대신, 이 책에서 소개하는 연상 암기법으로 한자를 익히면 쉽고 재미있게 한자를 익힐 수 있을 것입니다. 학습 어휘도 배우면서 초등 필수 한자도 익힐 수 있는 일석이조 학습은 〈마법의 상위권 어휘〉만의 자랑입니다.

박원길 **전주 성심여고 교사**
〈한자 암기 박사〉
〈국가대표 한자〉 저자.
〈마법의 상위권 어휘〉 감수 위원.

상위권 도약의 비결, 바로 언어 사고력을 키워 주는 어휘 학습!

김명옥 한국학습저력개발원 원장
〈평생성적, 초등 4학년에 결정된다〉, 〈아이의 장점에 집중하라〉 저자.
〈마법의 상위권 어휘〉 기획 자문 위원.

상담을 위해 저를 찾은 학부모님들 중에는 이런 말씀을 하시는 분들이 참 많습니다. 1, 2학년 때만 해도 상위권을 유지하던 아이인데, 학년이 올라가니까 성적이 떨어지고, 공부도 싫어한다는 겁니다. 이런 아이들을 살펴보면, 학습지나 문제집에서 많이 보았던 문제는 잘 풀지만, 조금만 낯선 유형의 문제가 나와도 당황하여 포기하고 말지요. 학년이 올라갈수록 공부는 점점 더 어려워집니다. 어려운 개념도 많이 등장하고, 응용력과 사고력을 요구하는 다양한 유형의 문제들이 많이 나옵니다. 하지만 단순 반복적인 학습지, 그대로 떠먹여 주는 공부법에 익숙해지면, 시험 문제를 풀 때도 머리로 생각하기보다 습관처럼 손이 먼저 움직이기 마련입니다. 당연히 낯선 지문, 낯선 유형의 문제에는 손이 가지 않겠지요.

“어휘 학습으로 언어 사고력을 키워 주세요.”

이 세상의 지문과 문제를 모두 풀어 볼 수는 없습니다. 그래서 새로운 지문과 문제가 나왔을 때 배우지 않고도 짐작할 수 있는 추론 능력이 필요합니다. 〈마법의 상위권 어휘〉에서는 지문을 읽으면서 어휘의 뜻을 유추하는 훈련을 하고, 어휘를 낱글자별로 뜯어서 분석하는 훈련을 합니다. 이러한 유추와 분석의 과정을 거쳐서 자연스럽게 추론 능력이 생기게 되지요. 이는 오랜 현장 경험을 통해 효과를 검증받은 학습법이기도 합니다. 또 모든 과정이 재미있게 진행되므로 아이들이 싫증 내지 않고 공부할 수 있습니다.

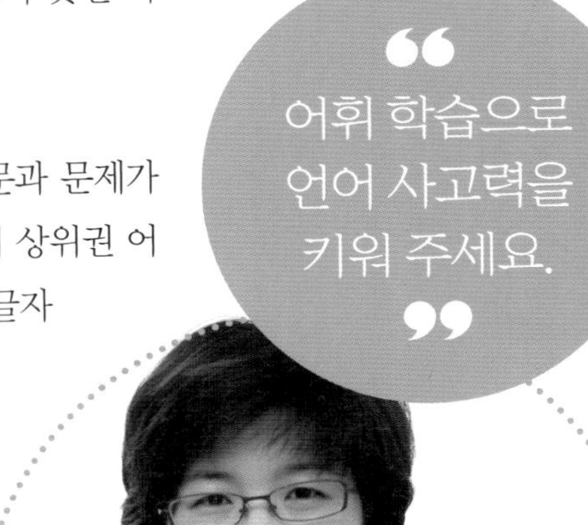

〈마법의 상위권 어휘〉는 상위권 도약을 꿈꾸는 아이들과 학부모들을 위해 마련된 프로그램입니다. 이 책을 만나는 모든 어린이들이 뛰어난 어휘력과 추론 능력을 갖추고 상위권으로 도약하는 기쁨을 맛보기 바랍니다.

학습 방법론

언어 사고력을 키우는 VIVA 학습법을 공개합니다!

상위권으로 가는 마법의 학습법

Vision 상상

재미있는 이야기 속에서 어휘의 뜻을 상상합니다.

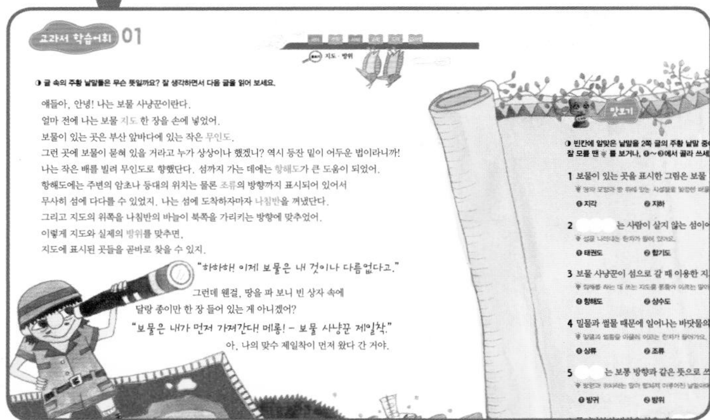

이야기로 익힌다!

- 재미있는 이야기로 공부 부담을 줄입니다.
- 이야기 속에서 어휘의 뜻을 상상하며 유추의 힘을 키웁니다.
- 이야기 속에서 상상한 뜻을 맛보기 문제를 풀며 확인합니다.

Insight 통찰

낱글자 풀이를 보며 어휘의 구성 원리를 터득합니다.

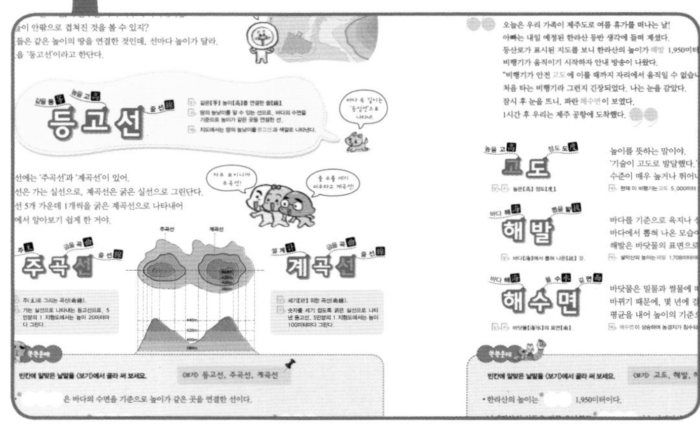

저절로 외워진다!

- 초등 학교 학습어휘의 90퍼센트 이상은 한자 어휘이며, 한자 어휘는 한자가 둘 이상 모인 복합어입니다.
- 어휘 속에 들어 있는 한자의 뜻만 알아도 어휘 뜻이 술술 풀립니다. 낱글자 풀이를 보며 어휘의 뜻을 파악하면서, 어휘의 구성 원리도 터득합니다.
- 한자 학습서의 베스트셀러 〈한자 암기박사〉의 학습법을 적용, 이야기를 읽다 보면 한자가 저절로 외워집니다.

"엄마를 놀라게 하는 학습지!"

Variety 확장

하나를 알면 열을 알듯이, 중심 어휘와 관련된 어휘들을 꼬리에 꼬리를 물듯 배웁니다.

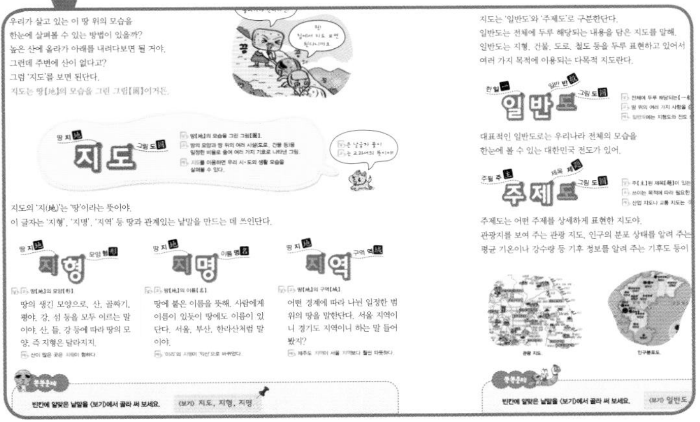

어휘가 꼬리를 문다!

- 같은 한자가 쓰인 여러 어휘들을 꼬리를 물고 배웁니다.
- 이미 배운 대표 어휘와 같은 주제의 여러 어휘들을 꼬리를 물고 배웁니다.

Application 활용

재미있는 게임형 문제로 어휘 활용 능력을 키웁니다.

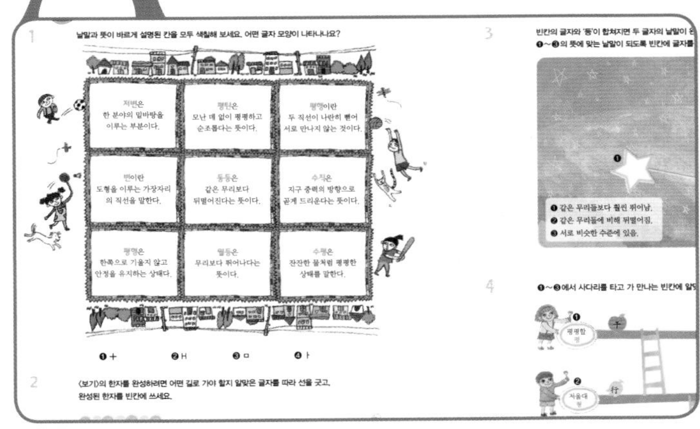

재미있게 공부한다!

- 머리를 자극하는 게임형 문제를 풀다 보면 어휘력이 쑥쑥 자라납니다.
- 친근하고 재미있는 떡 캐릭터와 함께 공부의 즐거움을 느낄 수 있습니다.

마법의 상위권 어휘 무엇을 배울까요?

초등학교 5단계 학습 내용

5-1단계

호	교과서 학습 어휘		한자	연계교과
제 1 호	01	유적	遺(4급)	사회 / 과학
		발굴	發(6급)	
	02	화석	巖(준3급)	
		퇴적	積(4급)	
제 2 호	01	생산	產(5급)	사회
		경제	資(4급)	
	02	소득	所(7급)	
		수입	收(준4급)	
제 3 호	01	전도	導(준4급)	과학
		대류	對(6급)	
	02	복사	射(4급)	
		적외선	波(준4급)	
제 4 호	01	집성촌	城(준4급)	사회
		행정	域(4급)	
	02	밀집	過(5급)	
		님비	惡(5급)	

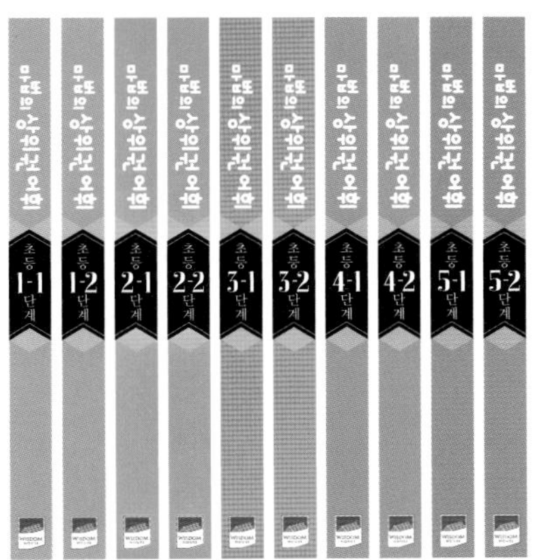

초등학교 5 단계 학습 내용

〈마법의 상위권 어휘〉는 전체 5단계 10권으로 구성되어 있습니다. 초등학교 5단계에서는 초등학교 중・저학년 어린이가 꼭 알아야 할 중요 어휘들을 공부할 수 있습니다.

5-2단계

호	교과서 학습 어휘		한자	연계교과
제 1 호	01	갈등	突(준3급)	사회 / 국어
		타협	妥(3급)	
	02	묘사	敍(3급)	
		비유	隱(4급)	
제 2 호	01	번식	繁(준3급)	과학 / 사회
		생장점	點(4급)	
	02	결정	結(5급)	
		고랭지	高(6급)	
제 3 호	01	분출	噴(1급)	과학 / 국어
		용암	鎔(2급)	
	02	지진	震(준3급)	
		범람	濫(3급)	
제 4 호	01	고분	墓(4급)	사회 / 미술
		국보	寶(준4급)	
	02	채색	彩(준3급)	
		근본	根(6급)	

마법의 상위권 어휘 이렇게 공부하세요!

지문 읽기

글을 읽으면서 주황색으로 된 낱말의 뜻은 무엇인지 머릿속에 그려 보세요. 낱말의 뜻은 글 속에서 익혀야 정확하게 알고 오래 기억할 수 있답니다.

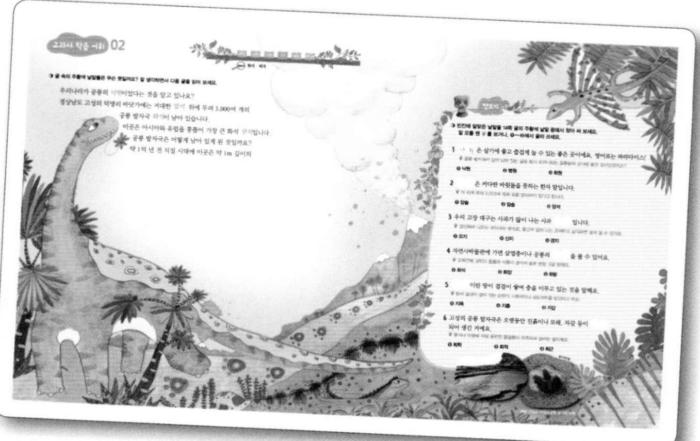

맛보기

지문에 나온 주황색 낱말 중 하나를 골라 빈칸에 답을 써 보세요. 한 번만 써 보아도 어휘를 내 것으로 만드는 데 큰 도움이 됩니다.

돋보기

왼쪽 상단의 박스 속에 든 대표 어휘의 뜻을 먼저 익히세요. 한자와 낱글자 풀이를 꼼꼼히 읽으면 쉽게 뜻을 알 수 있어요.

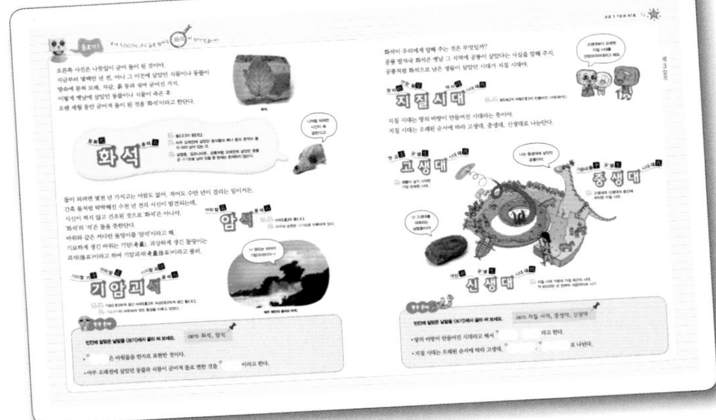

글을 따라 읽으며 확장 어휘에는 무엇이 있는지 익혀 보세요. 다 읽은 다음, 쏙쏙 문제를 풀면 머릿속에 어휘들이 쏙쏙 들어올 거예요.

한자가 술술

한자에 담긴 글자 원리를 읽고, 암기카드 속 문장을 노래하듯 외우며 빈칸을 채우고 한자도 써 보세요.

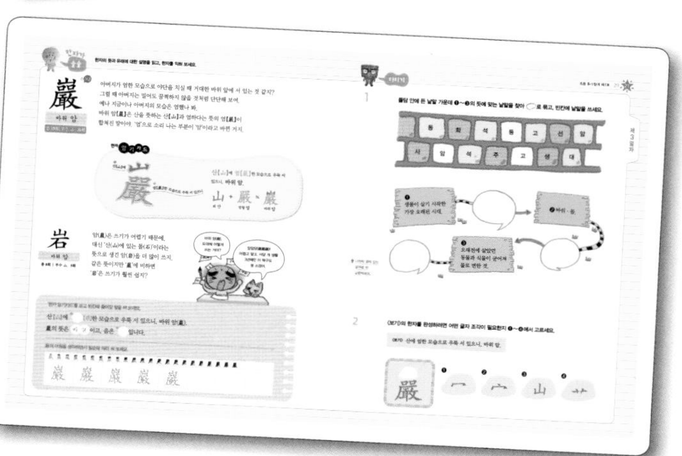

다지기

공부한 내용을 기억하기 쉽도록 재미있는 문제로 만들었어요. 실력도 다지고, 재미있게 학습을 마무리해요.

● 각 호는 1주일, 각 권은 1개월 단위의 학습량으로 구성되어 있습니다. 일주일에 한 호 씩, 한 달이면 나도 상위권 어휘력을 가질 수 있어요.

도전! 어휘왕

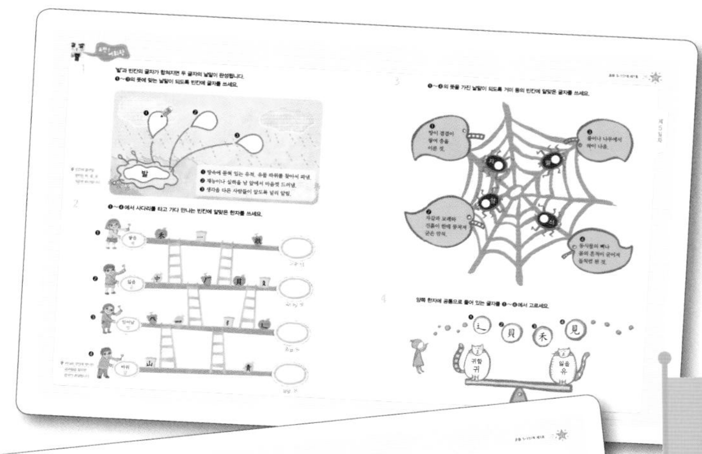

재미있는 게임형 문제를 풀며 어휘력을 키울 수 있어요.
사다리, 미로, 색칠하기, 선긋기 등 다양한 활동으로 재미있게 공부해 봐요.

평가 문제

학교 시험 문제와 유사한 유형의 문제를 풀어 볼 차례입니다.
어휘력으로 학교 공부를 잡는다는 말, 여기에서 실감해 보세요!

어휘랑 놀자!

01

아름답고 구금한 우리말 이야기 

02

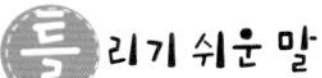 비슷해서 틀리기 쉬운 말 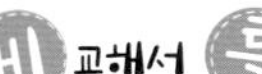 비교해서 틀리지 말자

03

외래어로 배우는 워드(word) 리고요! 

교과서에 나오는 순우리말과 속담, 관용어를 만화로 재미있게 익혀 보세요.

초등학교 3학년 친구들이 실제로 쓴 글을 보고 틀리기 쉬운 말을 바르게 구분하여 익혀 보세요.

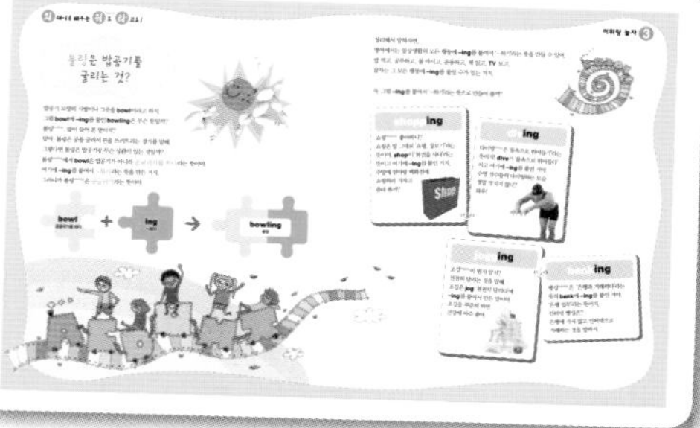

교과서에 나오는 외래어를 이용, 초등학교에서 꼭 알아야 할 영단어를 익혀 보세요.

주요 등장인물 소개

마법의 상위권 어휘 떡 친구들을 소개합니다!

내 코에선 맛있는 꿀물이 나오지.
내가 꿀차 한잔 타 줄까?
팽

달콤한 꿀물이 먹고 싶다면
언제든 내게 말하라고.
어허~
좋다!!
벌컥
벌컥

어휴, 더럽게 콧물이 뭐야?!
백설기 공주!

안녕, 나는 백설기 떡이야.
흰 피부에 큰 눈,
정말 백설 공주같이 예쁘지?
얼굴이 네모인데,
네모 공주가
더 맞는 말이겠어.

네모는 사각형으로,
종류로는 정사각형, 직사각형,
사다리꼴 등등이 있는데,
네모라고
하지 말랬지!!

그렇다면 백설기 공주님은
직사각형 공주님?

흥, 시루떡 너야말로
사각에다 피부도 안 좋잖아!

무슨 소리, 이게 얼마나
몸에 좋고 맛좋은 팥고물인데,
한번 드셔 보실래요?
꺅!
됐거든!!
벅벅
탁

어허, 먹는 걸 그렇게
함부로 버리는 게 아니지!
그럼,
그럼!
쑥떡 할아버지,
인절미 할머니!

시루떡이 얼마나 잘생기고
맛좋은 떡인지
아는 사람은 다 안다니까!
인절미 할머니!

역시 제겐 인절미 할머니밖에
없어요!!
흐억!
후닥~

잠깐 !
네 팥고물이 묻으면
지저분해지니까
좀 떨어져 있으라고.
지저분?

킁킁,
어디선가 매운 냄새가?
킁 킁

사랑해요!
가래떡!
완. 전. 소. 중
가래떡!
가
래

떡볶이 군!

모두들 여기서 뭐 하세요?
이제 곧 떡 광장에서
떡 가요제가 시작된다고요!
아, 맞다!

어서 가서 우리의 우상
가래떡 씨를
응원하자고요!!
짜 잔~
떡 가요제

우리는 노래하고~
춤을 추는 송편 3남매~

흰 송편엔
깨가~
분홍 송편엔
밤이~
나 쑥 송편엔 몸에 좋은
콩이 들어 있지~!!

네~ 신인 댄스 그룹,
'영떡스 클럽'의 무대였습니다.
와아아~

잘했다, 잘했어!!
절편 매니저님!

역시 애비인 나,
무지개떡을 닮아
노래와 춤이 끝내주는군!
여보, 애들이
자랑스러워요.
덩더쿵
쿵떡

이제 오랫동안 기다리시던
떡마을 최고 가수왕의
무대입니다.

국민 떡가수,
가래떡 씨입니다!
꺄아아~

꺄~
저 새하얀 피부!!
꺄~ 저 큰 키,
아니 머리!!
꺅~
꺄~

그녀를 처음 본 순간~
입이 떡 벌어졌지~
꺄아~

오오~내 사랑~
떡인 그녀여~

꺄~ 가래떡 짱!
한 번만
안아 줘요~

꺄
꺄
히이익
꺄
꺄

이상 앞으로 여러분들과 함께
상위권 어휘를 공부할 말랑말랑
떡마을 친구들이었습니다!
헉!
가래떡 씨
얼굴이?!
지저분~

초등 5-1 단계

어휘를 알아야 만점을 잡는다!

스토리텔링식 신교과서 학습을 위한

마법의 상위권 어휘

제 1 호

제 1 일차	제 2 일차	제 3 일차	제 4 일차	제 5 일차
유물과 유적의 발굴 이야기를 읽고, 대표 어휘 '유적'의 뜻과 한자 '遺'를 익힙니다. '유적'에서 확장된 여러 낱말의 뜻을 스스로 추론해 보도록 지도해 주세요.	대표 어휘 '발굴'의 뜻과 한자 '發'을 익히고, 관계있는 낱말도 함께 익힙니다. 다지기 문제를 풀어 보고, '시치미를 떼다'라는 표현도 익히도록 해 주세요.	괴성군 공룡 화석지 이야기를 읽고, 대표 어휘 '화석'의 뜻과 한자 '巖'을 익힙니다. '화석'에서 확장된 여러 낱말의 뜻을 스스로 추론해 보도록 지도해 주세요.	대표 어휘 '퇴적'의 뜻과 한자 '積'을 익히고, 관계있는 낱말도 함께 익힙니다. 다지기 문제를 풀어 보고, '바래다'와 '바라다'을 구별하여 쓰도록 해 주세요.	재미있는 게임 문제와 학교 시험 유형의 평가 문제를 풀며 어휘 실력을 다집니다. '볼링(bowling)'가 들어가는 영어 단어들도 함께 익히도록 해 주세요.

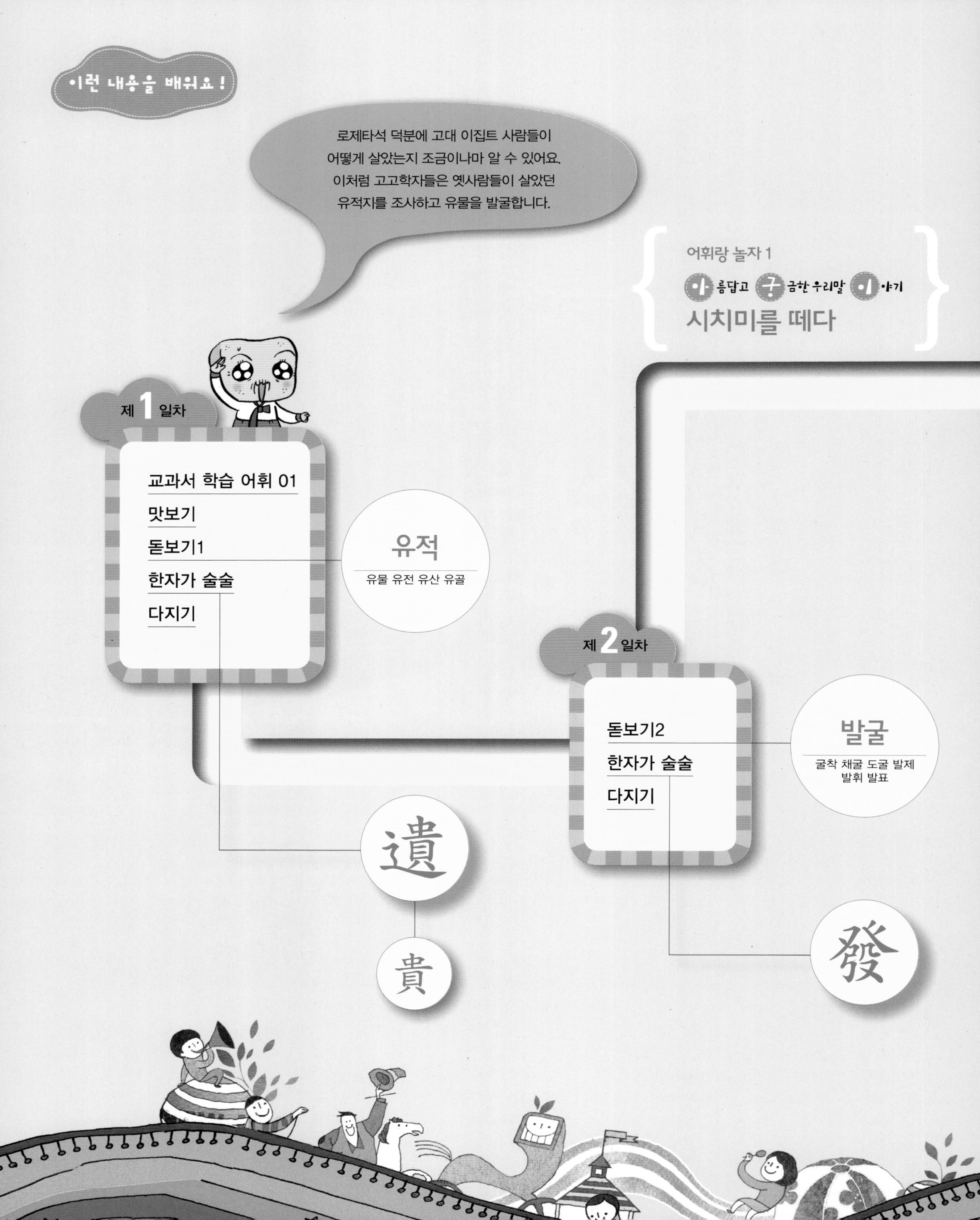

이런 내용을 배워요!
로제타석 덕분에 고대 이집트 사람들이 어떻게 살았는지 조금이나마 알 수 있어요. 이처럼 고고학자들은 옛사람들이 살았던 유적지를 조사하고 유물을 발굴합니다.
어휘랑 놀자 1
아름답고 궁금한 우리말 이야기
시치미를 떼다
제 1 일차
교과서 학습 어휘 01
맛보기
돋보기1
한자가 술술
다지기
유적
유물 유전 유산 유골
遺
貴
제 2 일차
돋보기2
한자가 술술
다지기
발굴
굴착 채굴 도굴 발제 발휘 발표
發

우리나라가 공룡의 낙원이었다는 것을 알고 있나요?
고성의 덕명리 바닷가에는 공룡 발자국 화석이 남아 있어요.
오랜 세월 동안 발자국 위로 퇴적된
진흙과 모래 덕분이랍니다.

제 3 일차

교과서 학습 어휘 02
맛보기
돋보기1
한자가 술술
다지기

화석
암석 기암괴석 지질 시대
고생대 중생대 신생대

巖

岩

어휘랑 놀자 3
외래어로 배우는 워드(word) 라고요!
볼링(bowling)

제 5 일차

도전! 어휘왕
평가 문제

퇴적
사암 이암 역암 지층 층리
고객층 노년층

제 4 일차

돋보기2
한자가 술술
다지기

어휘랑 놀자 2
비슷해서 틀리기 쉬운 말 비교해서 틀리지 말자
색은 '바래고', 선물은 '바라고'

積

責

◑ 글 속의 주황색 낱말들은 무슨 뜻일까요? 잘 생각하면서 다음 글을 읽어 보세요.

고고학은 옛것을 연구하는 학문입니다.
대개 옛날 사람들이 살았던 지역이라고 알려진 유적지를
조사하고 유물을 발굴합니다.
이런 일을 직업으로 삼은 사람들을 고고학자라고 하지요.
중요한 유적이나 유물을 모두 고고학자들이 발굴한 것은 아닙니다.
1799년 프랑스의 나폴레옹 군대가 이집트를 침략했을 때,
한 병사가 글자가 새겨진 검은 돌을 발견했습니다.
이집트 로제타 마을에서 발견했다고 해서 '로제타석'이라고 했지요.
로제타석은 거대한 비석의 한 조각으로,
이집트 상형 문자와 그리스 문자 등이 새겨져 있었습니다.
먼저 그리스 어로 된 문장을 해독하였고, 이를 바탕으로
프랑스의 학자 샹폴리옹이 이집트 상형 문자를 해독하였습니다.
이로써 그때까지 암호처럼 풀리지 않았던
이집트 문자를 읽을 수 있게 되었답니다.

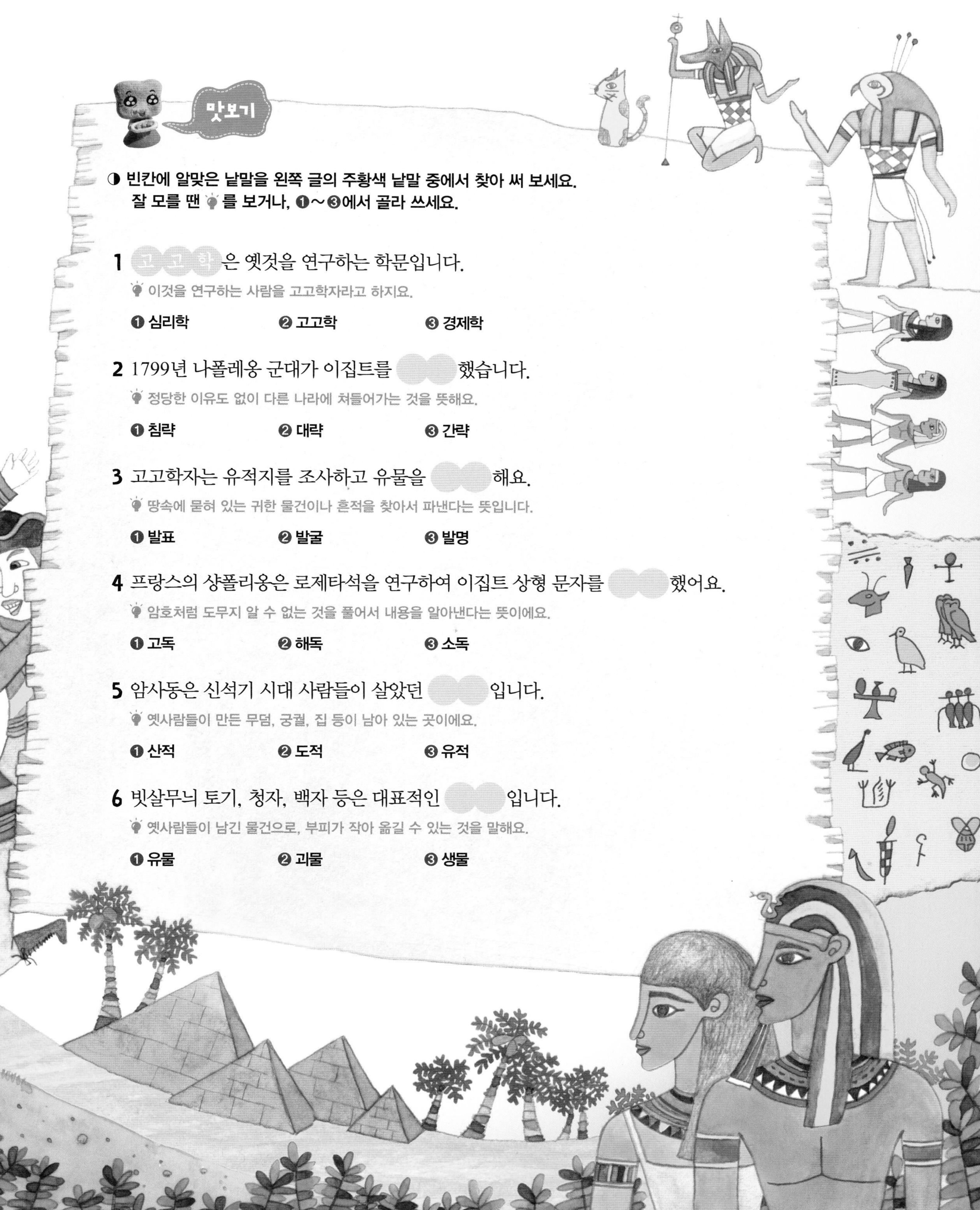

맛보기

◑ 빈칸에 알맞은 낱말을 왼쪽 글의 주황색 낱말 중에서 찾아 써 보세요.
잘 모를 땐 💡를 보거나, ❶~❸에서 골라 쓰세요.

1 고 고 학 은 옛것을 연구하는 학문입니다.

💡 이것을 연구하는 사람을 고고학자라고 하지요.

❶ 심리학 ❷ 고고학 ❸ 경제학

2 1799년 나폴레옹 군대가 이집트를 ( ) 했습니다.

💡 정당한 이유도 없이 다른 나라에 쳐들어가는 것을 뜻해요.

❶ 침략 ❷ 대략 ❸ 간략

3 고고학자는 유적지를 조사하고 유물을 ( ) 해요.

💡 땅속에 묻혀 있는 귀한 물건이나 흔적을 찾아서 파낸다는 뜻입니다.

❶ 발표 ❷ 발굴 ❸ 발명

4 프랑스의 샹폴리옹은 로제타석을 연구하여 이집트 상형 문자를 ( ) 했어요.

💡 암호처럼 도무지 알 수 없는 것을 풀어서 내용을 알아낸다는 뜻이에요.

❶ 고독 ❷ 해독 ❸ 소독

5 암사동은 신석기 시대 사람들이 살았던 ( ) 입니다.

💡 옛사람들이 만든 무덤, 궁궐, 집 등이 남아 있는 곳이에요.

❶ 산적 ❷ 도적 ❸ 유적

6 빗살무늬 토기, 청자, 백자 등은 대표적인 ( ) 입니다.

💡 옛사람들이 남긴 물건으로, 부피가 작아 옮길 수 있는 것을 말해요.

❶ 유물 ❷ 괴물 ❸ 생물

오른쪽 사진은 경상도 고령에서 발굴된 약 1500년 전 무덤 속이야.
이 무덤에선 왕관, 목걸이, 도자기 같은 물건들이 많이 나왔단다.
옛날에 이런 규모로 무덤을 만들었다면 틀림없이 왕족이나 귀족이었을 거야.
'유적'은 무덤, 집, 궁궐, 쓰레기장, 거대한 건축물의 흔적이야.
옛날에는 있었지만 지금은 온전한 모습이 없어지고 자취만 남은 거지.

고령 대가야 무덤 75호분 내부.

날 남아 있는【遺】 자취【蹟】.

교 집터나 무덤 등 옛날 사람들이 남긴 자취.

예 몽촌 토성은 서울에 있는 백제 시대 유적이다. 유물과 집터가 남아 있어 백제 사람들이 어떻게 살았는지 보여 준다.

날 은 낱글자 풀이, 교 는 교과서의 뜻이야!

유적은 무덤이나 집터라서 옮길 수가 없어.
하지만 유적에서 나온 왕관, 목걸이, 도자기 같은 물건들은
마음만 먹으면 쉽게 옮길 수 있지.
유적과 '유물'의 차이는 바로 옮길 수 있느냐 없느냐에 있어.
들고 갈 수 있다면 유적이 아니라 유물이라고 했을 거야.
유물은 옮기거나 이동할 수 있단다.

무덤에서 나온 장신구.

날 죽은 조상이 남긴【遺】 물건【物】.

교 옛날 조상들이 후세에 남긴 물건. 대개 유적에서 나옴.

유적에서는 오른쪽 사진과 같은 토기나 장신구들이 많이 나오지.
유물은 옛날 사람들이 후세에 남긴【遺】 물건【物】으로, 문화적 가치가 크단다.

대가야 무덤에서 나온 토기류.

빈칸에 알맞은 낱말을 〈보기〉에서 골라 써 보세요.

〈보기〉 유물, 유적

- 조개무지는 신석기 시대의 쓰레기장 같은 곳으로, 신석기 시대의 대표적인 ❶ ______ 이라 할 수 있다.
- 조개무지에서는 당시 사람들이 사용한 그릇, 바늘, 화살촉, 칼 등 귀중한 ❷ ______ 이 많이 나왔다.

유적과 유물에서 공통적으로 쓰인 글자는 '남기다'라는 뜻의 한자 '유(遺)'란다.
다음 글을 읽으며 이 글자가 쓰인 다른 낱말을 좀 더 살펴볼까?

제1일차

"윤이 곱슬머리 좀 봐. 할아버지 곱슬머리 그대로네!"
친척 어른들은 나를 보면 꼭 이런 말씀을 하신다.
하지만 나는 이 말이 듣기 싫다. 하필이면 왜 곱슬머리를 닮았을까?
물론 당뇨병 같은 무서운 병이 유전되는 것보다는 낫지만 말이다.
할아버지는 얼마 전, 시골의 집과 밭을 유산으로 남기고 돌아가셨다.
아버지는 할머니의 유골을 모셔 와 할아버지와 함께 묻어 드렸다.

낱교 남겨서【遺】 전함【傳】.

'유전'이란 부모의 체질이나 성격,
몸의 특성 따위를 자손이 물려받는 일이야.

예 참을성이 많은 아빠의 성격이 나에게 유전되었다.

낱교 남긴【遺】 재산【産】.

죽은 사람이 남긴 재산이라는 뜻이야.
할아버지가 돌아가시면서 땅이나 집 등을
물려주셨다면 그것이 '유산'이 되는 거야.

예 앞 시대의 사람들이 남겨 준 업적을 비유하여 유산이라고 이르기도 한다.

낱교 남은【遺】 뼈【骨】.

'유골'은 사체의 살은 썩어 없어지고
뼈만 남은 것, 또는 시체를 태우고
남은 뼈를 말해.

예 무덤에서 3,000년 전 유골이 발굴되었다.

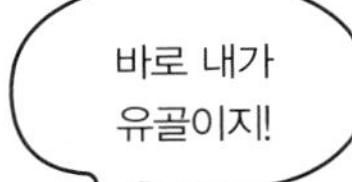

쏙쏙 문제

빈칸에 알맞은 낱말을 〈보기〉에서 골라 써 보세요.

〈보기〉 유전, 유산, 유골

- 나와 동생의 곱슬머리는 아버지로부터 ❶ ______ 된 것이다.
- 1000년 전 무덤에서 어린이의 ❷ ______ 이 나와 관심을 끌고 있다.
- 이 논은 우리 할아버지께서 ❸ ______ 으로 물려주신 것이다.

한자의 뜻과 유래에 대한 설명을 읽고, 한자를 익혀 보세요.

4급

遺

잃을 유

총 16획 | 부수 辶, 12획

유물과 유적에서 '남기다'라는 뜻으로 쓰인 '유(遺)'의 본래 뜻은 '잃다'란다.
옛날 제사장이 신전의 한가운데【中】 모셔 둔
하나【一】밖에 없는 소중한 재물【貝】을 잃고 만 거야.
너무나 놀라고 실망한 나머지 터벅터벅 기운 없이
걸어가는【辶】 모습이 '잃을 유(遺)'란다.

한자 암기카드

가운데【中】 있는 하나【一】의 귀한 재물【貝】을 잃고 천천히 걸어가니【辶】, 잃을 유.

中 + 一 + 貝 + 辶 = 遺

가운데 중 / 한 일 / 조개 패 / 천천히 걸을 착 / 잃을 유

5급

貴

귀할 귀

총 12획 | 부수 貝, 5획

가운데【中】 있는 하나【一】의 재물【貝】은 귀한 것이니, 귀할 귀(貴).
조개【貝】는 돈으로 쓰일 만큼 귀중한 물건이었어.
귀중한 것은 가운데【中】에 꼭꼭 숨겨 놓잖아.
귀할 귀는 가운데 숨겨 둔 보물처럼 귀하다는 뜻이란다.
그래서 잃을 유(遺)에서 천천히 걸을 착(辶)을 빼면
귀할 귀(貴)가 남는 거야.

그래서 보석을 패물(貝物)이라고 하는구나!

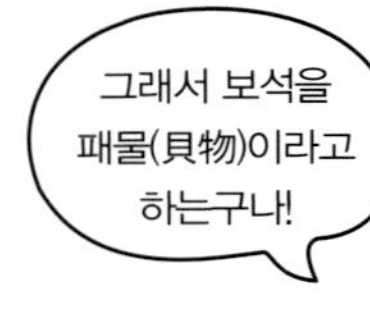

'한자 암기카드'를 보고 빈칸에 들어갈 말을 써 보세요.

❶ ( )【中】 있는 ❷ ( )【一】의 귀한 ❸ ( )【貝】을 잃고 천천히 ❹ ( )【辶】,
잃을 유(遺). 遺의 뜻은 잃 다 이고, 음은 ❺ ( ) 입니다.

遺의 어원을 생각하면서 필순에 따라 써 보세요.

遺 遺 遺 遺 遺 遺 遺 遺 遺 遺 遺 遺 遺 遺 遺 遺

遺 遺 遺 遺 遺

1

빨간 별의 '유'와 빈칸의 글자가 합쳐지면 두 글자의 낱말이 완성됩니다.
❶~❹의 뜻에 맞는 낱말이 되도록 빈칸에 글자를 쓰세요.

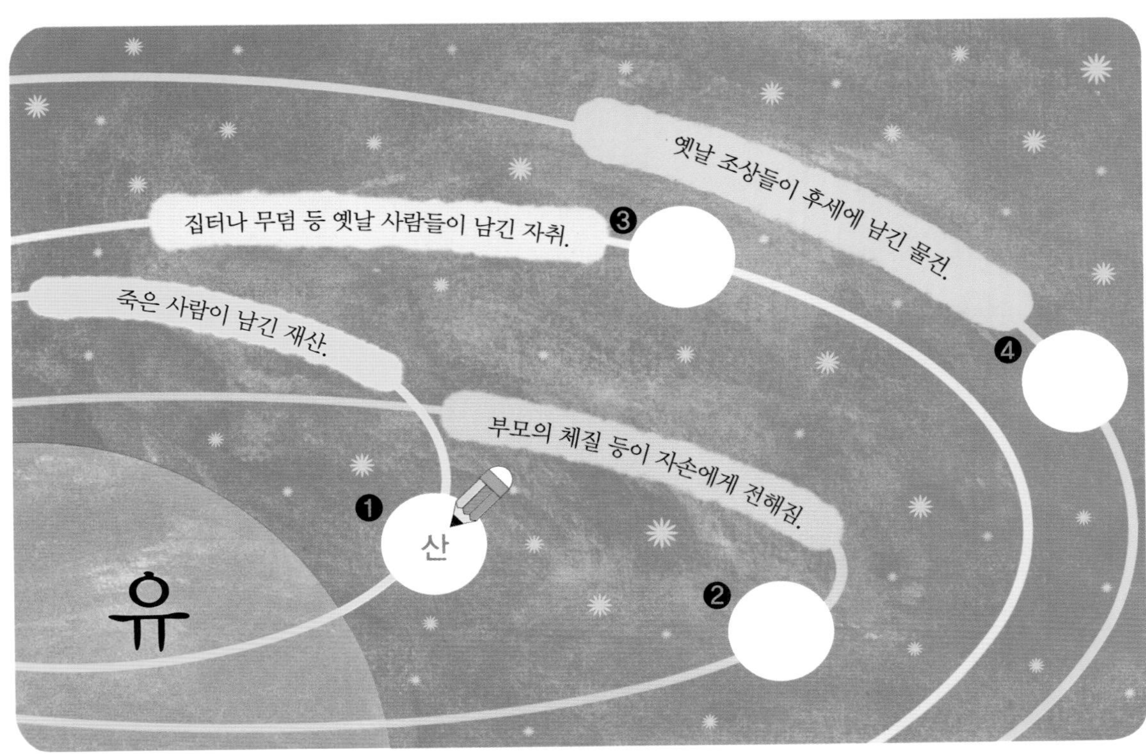

빈칸에 들어갈 글자는 적, 물, 전 가운데 하나입니다.

2

〈보기〉에서 설명하는 한자를 빈칸에 각각 쓰세요.

〈보기〉 ❶ 가운데 있는 하나의 귀한 재물을 잃고 천천히 걸어가니, 잃을 유.
❷ 가운데 있는 하나의 재물은 귀한 것이니, 귀할 귀.

❶

❷

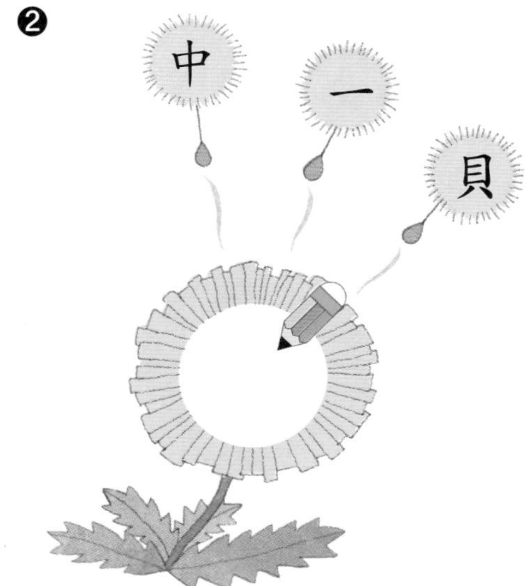

바깥쪽에 있는 글자들을 합치면 한자의 모양을 알 수 있어요.

유적지를 조사하고 유물을  합니다

유적이나 유물을 찾아내는 것을 '발견'이라고도 하지만
특별히 '발굴'이라고 표현하는 이유는 뭘까?
땅속에 묻혀 있는 것을 찾아서 파내기 때문이야.
'굴(掘)'에 이러한 뜻이 들어 있어.
몸을 굽혀【屈】 손【扌】으로 땅을 판다는 뜻이거든.

드러낼 발 發 / 팔 굴 掘

낱 땅을 파서【掘】 묻혀 있던 것을 드러내【發】 보임.
교 땅속에 묻혀 있는 유적, 유물 따위를 찾아서 파냄.
예 유물 발굴은 법적으로 아무나 할 수 없고 정부 기관에서만 할 수 있다.

발굴은 알려지지 않은 것이나 뛰어난 것을 찾아낸다는 뜻으로도 쓰인단다.
연예인 매니저가 신인 가수를 발굴해서 화제가 되곤 하지.
'굴(掘)'이 쓰인 다른 낱말에 대해 좀 더 알아볼까?

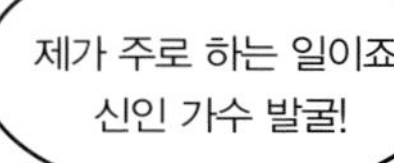

팔 굴 掘 / 뚫을 착 鑿

낱 교 땅이나 바위를 파고【掘】 뚫음【鑿】.
구멍을 파기 위해 뚫지. 공사장에서 흔히 볼 수 있는 '굴착기'는 땅이나 암석 따위를 파는 기계야.
예 공사장에서 굴착기 소리가 요란하다.

캘 채 採 / 팔 굴 掘

낱 교 땅을 파서【掘】 석탄 따위 광물을 캐내는【採】 것.
땅을 파고 땅속에 묻혀 있는 광물 따위를 캐내는 것을 말해. '채굴' 하는 곳을 광산이라고 하지.
예 석탄 채굴 현장에 가 보았다.

훔칠 도 盜 / 팔 굴 掘

낱 교 문화재를 훔치기【盜】 위해 땅을 파는【掘】 것.
'도굴'은 땅속에 묻혀 있는 유물 등을 몰래 파내는 거야. 허가 없이 파내면 훔친 것이 된단다.
예 문화재 도굴꾼들이 붙잡혔다.

쏙쏙 문제

빈칸에 알맞은 낱말을 〈보기〉에서 골라 써 보세요.

〈보기〉 발굴, 도굴, 채굴

- 유물 도둑인 ❶ (　　) 꾼은 주로 왕의 무덤을 노린다. 귀한 보석 따위가 많기 때문이다.
- 유물을 ❷ (　　) 하는 것은 석탄을 ❸ (　　) 하는 것처럼 정부의 허가가 필요한 일이다.

제 2 일차

이번에는 발굴에 쓰인 발(發)에 대해서 자세히 살펴볼까?
'발'은 몰랐던 것, 숨겨져 있던 것을 찾아낸다는 뜻을 담고 있어.
찾아내어 볼 수 있게 앞에 드러내니 모든 사람이 정확하게 알게 된 거지.
발굴, 발제, 발표, 발휘에서 쓰인 발(發)도 다 같은 뜻을 나타낸단다.
다음 글을 읽으며 '발(發)'이 쓰인 낱말의 뜻을 생각해 보자.

> 오늘 사회 시간에는 각자 주제를 정해 발표하기로 했다. 나는 '초등학생과 휴대폰'이란 주제에 대해 발제를 준비했고, 젖 먹던 힘까지 발휘해서 멋지게 발표했다. 친구들도 선생님도 모두 내 실력에 감탄하는 것 같았다. 기분이 좋았다.

낱 교 주제【題】에 대하여 생각을 드러내어【發】 말함.

'발제'란 회의나 토론 등에서 정해진 주제에 대하여 자신의 의견이나 생각을 말하는 것이야.

예 오늘 학급 회의에서 회장이 직접 발제를 했다.

낱 교 재주나 재능을 떨쳐【揮】 드러냄【發】.

'발휘'는 재능이나 실력을 남들 앞에서 마음껏 떨쳐 드러내는 거야.

예 이번 시험에서는 나의 숨은 실력을 충분히 발휘할 거야.

낱 교 생각이나 의견을 겉【表】으로 드러냄【發】.

'발표'는 생각이나 의견을 다른 사람들이 알도록 널리 알리는 것을 말해.

예 며칠 동안 조사한 내용을 발표해서 큰 박수를 받았다.

쏙쏙 문제

빈칸에 알맞은 낱말을 〈보기〉에서 골라 써 보세요.

〈보기〉 발제, 발표, 발휘

- 지금이야말로 너의 진짜 실력을 ❶ ______ 할 때야!
- 토론이 시작되자 양편의 발표자가 각각 ❷ ______ 내용을 들고 나타나, 자기 생각을 ❸ ______ 했다.

한자의 뜻과 유래에 대한 설명을 읽고, 한자를 익혀 보세요.

發

6급

일어날 발

총 12획 | 부수 癶, 7획

'드러내다'의 뜻으로 쓰인 '발(發)'의 본래 뜻은 '일어나다'란다.
활【弓】을 메고 몽둥이【殳】를 든 사람이 두 발을 벌리고 걸어가는【癶】 모습이야.
활을 쏘고 몽둥이를 휘두르면 무슨 일이 일어날까? 전쟁밖에 더 일어나겠니?
활을 쏘고 몽둥이를 휘두르면 전쟁이 일어난다고 하여, 일어날 발(發)이란다.

한자 암기카드

걸어가【癶】 활【弓】과 몽둥이【殳】를 휘두르면 전쟁이 일어나니, 일어날 발.

癶 + 弓 + 殳 = 發

걸어갈 발 / 활 궁 / 몽둥이 수 / 일어날 발

발(發)은 싸움이나 전쟁이 일어나는 것과 관련이 깊어.
전쟁이나 큰 사건이 일어나는 것을 '발발(勃發)'이라고 해.
꽃이나 씨앗에서 싹이 나오는 것도 '발아(發芽)'라고 해.
이상하지? 전쟁 따위가 일어난다는 뜻을 가진 '발(發)'이
꽃이나 씨앗이 핀다는 뜻도 갖고 있으니 말이야.

발아하여 돋아난 새싹들.

1939년에 발발한 제2차 세계 대전으로 무려 4000만 명이 죽었지.

낱 교 풀이나 나무에서 싹【芽】이 나옴【發】.

'한자 암기카드'를 보고 빈칸에 들어갈 말을 써 보세요.

걸어가【癶】 ① ( ) 【弓】과 ② ( ) 【殳】를 휘두르면 전쟁이 일어나니, 일어날 발(發).

發의 뜻은 일 어 나 다 이고, 음은 ③ ( ) 입니다.

發의 어원을 생각하면서 필순에 따라 써 보세요.

發 發 發 發 發 發 發 發 發 發 發 發

發	發	發	發	發			

1 ❶~❻의 뜻에 맞는 낱말이 되도록 흰 접시 안에 알맞은 글자를 쓰세요.

❶ 토론 따위에서 주제에 대하여 의견을 말함. 예) 학급 회의에서 회장이 직접 발○를 했다.

❷ 땅이나 바위를 파고 뚫는 것.

❸ 땅속에 묻혀 있는 유적, 유물 따위를 찾아서 파냄. 예) 새로운 유적을 ○굴하다.

❹ 재능이나 실력을 남들 앞에서 떨쳐 드러냄. 예) 모처럼 실력을 발○하다.

❺ 땅속에 묻혀 있는 유물 따위를 몰래 파내는 것. 예) 문화재 ○굴은 불법이다.

❻ 땅을 파고 땅속에 묻혀 있는 광물 따위를 캐내는 것. 예) 석탄 ○굴.

발, 도, 채, 휘, 착 위 다섯 글자 가운데 하나를 골라 쓰세요.

2 〈보기〉의 한자를 완성하려면 어떤 길로 가야 할지 알맞은 글자를 따라 선을 긋고, 완성된 한자를 빈칸에 쓰세요.

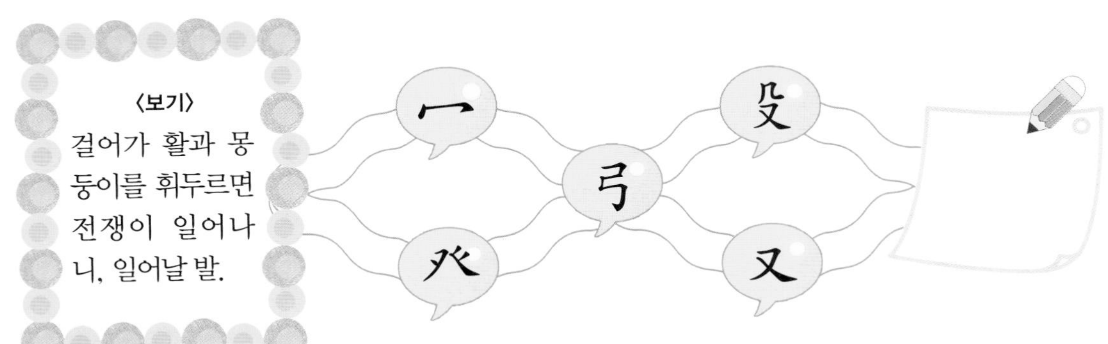

·매돌이
·홍길동
·○○동네

시치미를 떼다

와아아~~
더워, 더워라!

아, 맞다! 냉장고에
시원한 수박이 있었지.

엥?!
수박이 감쪽같이 없어졌어!
뿅!

너희들, 여기 있던 수박,
너희끼리 다 먹었어?

수박? 전 수박이
있었는지도 몰랐는데요.

얼굴에 이게 뭐야,
수박씨?!

이게 왜 여기에! 전 아녜요,
꿀꿀이한테 물어보세요!

저흰 정말 안 먹었어요.
헉, 그 출렁이는 배!
수박만큼 불렀잖아!!
빵
빵

시치미는 사냥매의 꽁지에 달린 주인 이름표야.

시치미엔 매의 이름과 주인 이름, 주소가 적혀 있단다. 그래서 길 잃은 매를 보면 이 시치미를 보고 주인을 찾아 주었지.

그런데 매를 갖고 싶은 욕심에 이 시치미를 떼고 자기 것인 양하는 경우도 종종 있었어.
여기서 '시치미를 떼다'라는 말이 생긴 거야.

시치미를 떼다

자기가 하고도 안 한 척. 알고도 모르는 척하다.

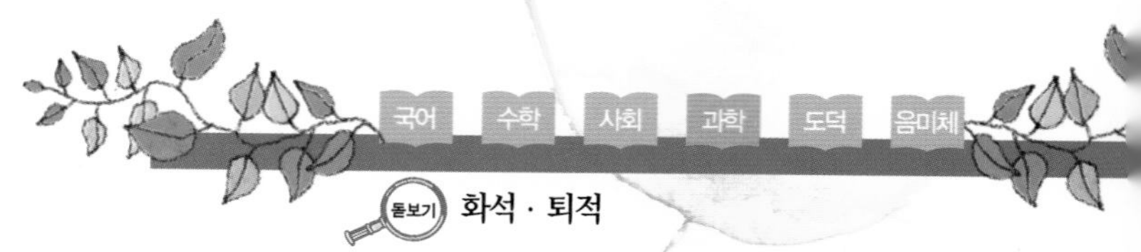

◑ **글 속의 주황색 낱말들은 무슨 뜻일까요? 잘 생각하면서 다음 글을 읽어 보세요.**

우리나라가 공룡의 **낙원**이었다는 것을 알고 있나요?
경상남도 고성의 덕명리 바닷가에는 거대한 **암석** 위에 무려 3000여 개의
공룡 발자국 **화석**이 남아 있습니다.
이곳은 아시아와 유럽을 통틀어 가장 큰 화석 **산지**입니다.
공룡 발자국은 어떻게 남아 있게 된 것일까요?
약 1억 년 전 지질 시대에 이곳은 약 1m 깊이의
야트막한 호수로 이루어진 늪지대였습니다.
공룡이 질퍽한 진흙 위를 오가면서 발자국을 남깁니다.
그런데 오랫동안 비가 내리지 않자 진흙 위에 찍힌 발자국이 그대로 굳어지고 맙니다.
다시 비가 오게 되면 물에 떠 내려온 진흙 등 발자국 위로 차곡차곡 쌓이는
퇴적 현상이 일어납니다.
비에 쓸려 온 퇴적물이 위에 쌓이고 또 쌓여서 **지층**은 더욱 단단해집니다.
단단하고 무거워진 지층이 무게를 이기지 못하고 바닷 속으로 가라앉았다가
다시 땅이 솟으면서 지표면으로 올라옵니다.
이때 가장 위에 쌓였던 무른 지층이 바닷물에 씻겨 내려가고
공룡 발자국이 굳어 바위가 된 화석 지층이
드러난 것입니다.

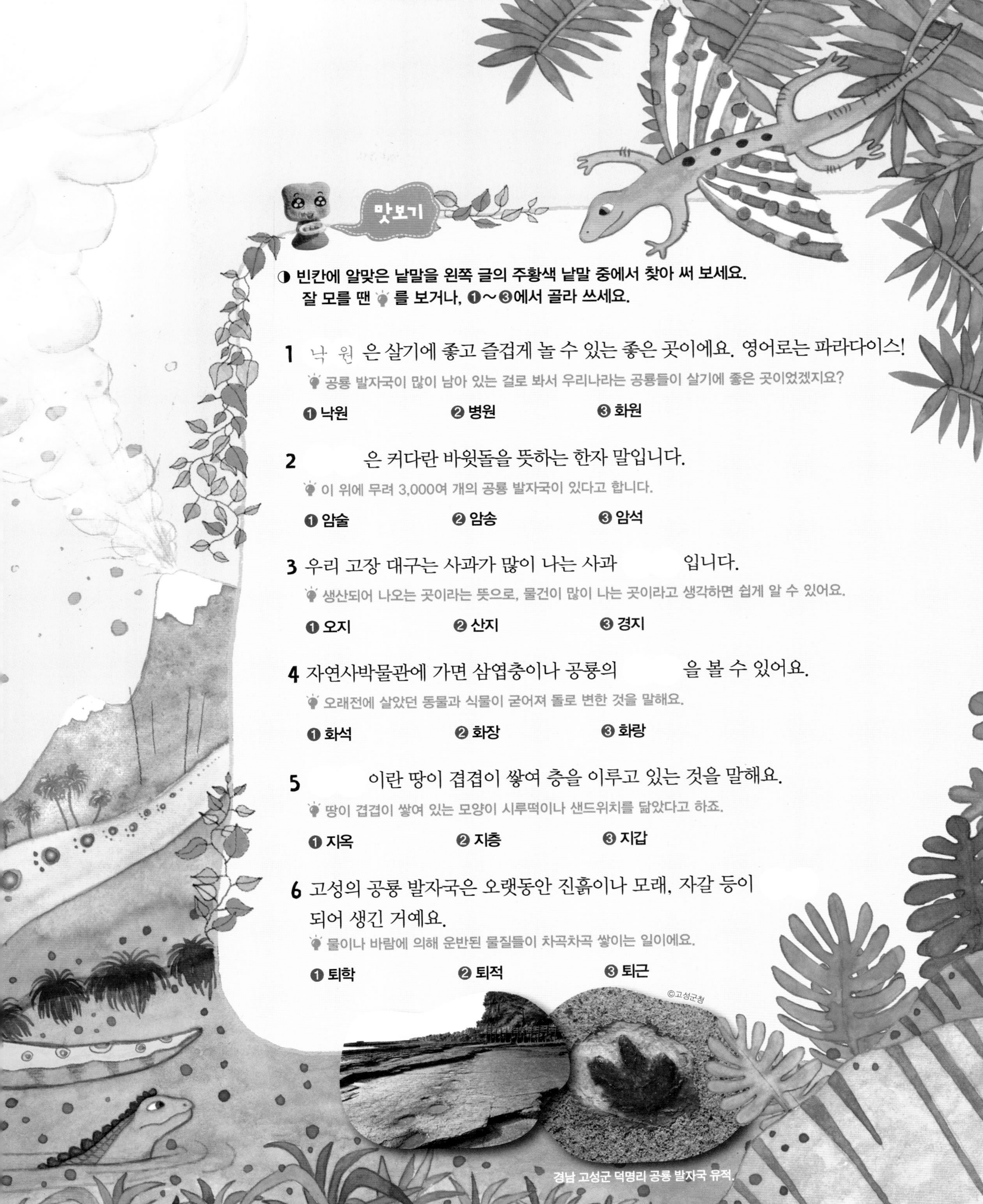

맛보기

◑ 빈칸에 알맞은 낱말을 왼쪽 글의 주황색 낱말 중에서 찾아 써 보세요.
잘 모를 땐 💡를 보거나, ❶~❸에서 골라 쓰세요.

1 낙 원 은 살기에 좋고 즐겁게 놀 수 있는 좋은 곳이에요. 영어로는 파라다이스!

💡 공룡 발자국이 많이 남아 있는 걸로 봐서 우리나라는 공룡들이 살기에 좋은 곳이었겠지요?

❶ 낙원 ❷ 병원 ❸ 화원

2 은 커다란 바윗돌을 뜻하는 한자 말입니다.

💡 이 위에 무려 3,000여 개의 공룡 발자국이 있다고 합니다.

❶ 암술 ❷ 암송 ❸ 암석

3 우리 고장 대구는 사과가 많이 나는 사과 입니다.

💡 생산되어 나오는 곳이라는 뜻으로, 물건이 많이 나는 곳이라고 생각하면 쉽게 알 수 있어요.

❶ 오지 ❷ 산지 ❸ 경지

4 자연사박물관에 가면 삼엽충이나 공룡의 을 볼 수 있어요.

💡 오래전에 살았던 동물과 식물이 굳어져 돌로 변한 것을 말해요.

❶ 화석 ❷ 화장 ❸ 화랑

5 이란 땅이 겹겹이 쌓여 층을 이루고 있는 것을 말해요.

💡 땅이 겹겹이 쌓여 있는 모양이 시루떡이나 샌드위치를 닮았다고 하죠.

❶ 지옥 ❷ 지층 ❸ 지갑

6 고성의 공룡 발자국은 오랫동안 진흙이나 모래, 자갈 등이 되어 생긴 거예요.

💡 물이나 바람에 의해 운반된 물질들이 차곡차곡 쌓이는 일이에요.

❶ 퇴학 ❷ 퇴적 ❸ 퇴근

©고성군청

경남 고성군 덕명리 공룡 발자국 유적.

돋보기1 무려 3,000여 개의 공룡 발자국 화석이 남아 있습니다

화석.

오른쪽 사진은 나뭇잎이 굳어 돌이 된 것이야.
지금부터 몇백만 년 전, 아니 그 이전에 살았던 식물이나 동물이 땅속에 묻혀 모래, 자갈, 흙 등과 섞여 굳어진 거지.
이렇게 옛날에 살았던 동물이나 식물이 죽은 후 오랜 세월 동안 굳어져 돌이 된 것을 '화석'이라고 한단다.

낱 돌【石】이 됨【化】.

교 아주 오래전에 살았던 동식물의 뼈나 몸의 흔적이 돌이 되어 남아 있는 것.

예 삼엽충, 암모나이트, 공룡처럼 오래전에 살았던 동물은 화석으로 남아 있을 뿐 현재는 존재하지 않는다.

나처럼 되려면 시간이 꽤 걸린다고!

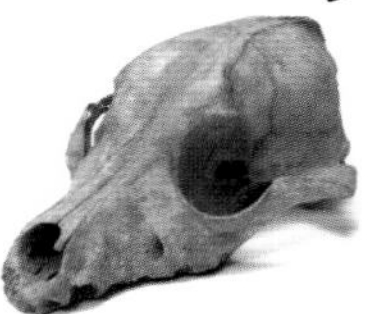

돌이 되려면 몇천 년 가지고는 어림도 없어. 적어도 수만 년이 걸리는 일이거든.
간혹 돌처럼 딱딱해진 수천 년 전의 시신이 발견되는데, 시신이 썩지 않고 건조된 것으로 '화석'은 아니야.
화석의 '석'은 돌을 뜻한단다.
바위와 같은 커다란 돌덩이를 '암석'이라고 해.
기묘하게 생긴 바위는 기암(奇巖), 괴상하게 생긴 돌덩이는 괴석(怪石)이라고 하여 '기암괴석(奇巖怪石)'이라고 불러.

낱 교 바위【巖】와 돌【石】.

예 지구의 표면은 암석으로 이루어져 있다.

낱 교 기묘【奇】하게 생긴 바위【巖】와 괴상【怪】하게 생긴 돌【石】.

예 기암괴석이 어우러져 멋진 풍경을 이루고 있었다.

제주 해안의 용머리 바위.

쏙쏙 문제

빈칸에 알맞은 낱말을 〈보기〉에서 골라 써 보세요.

〈보기〉 화석, 암석

- ❶ (　　) 은 바윗돌을 한자로 표현한 것이다.
- 아주 오래전에 살았던 동물과 식물이 굳어져 돌로 변한 것을 ❷ (　　) 이라고 한다.

화석이 우리에게 말해 주는 것은 무엇일까?
공룡 발자국 화석은 옛날 그 지역에 공룡이 살았다는 사실을 말해 주지.
공룡처럼 화석으로 남은 생물이 살았던 시대가 '지질 시대'야.

고생대보다 오래된
지질 시대를
선캄브리아대라고 해요.

땅 지 地 바탕 질 質 때 시 時 시대 대 代

낱 교 땅【地】의 바탕【質】이 만들어진 시대(時代).

지질 시대는 땅의 바탕이 만들어진 시대라는 뜻이야.
지질 시대는 오래된 순서에 따라 '고생대', '중생대', '신생대'로 나뉜단다.

옛 고 古 살 생 生 시대 대 代

고생대

교 생물이 살기 시작한 가장 오래된 시대.

나는 중생대에 살았던 공룡이야.

가운데 중 中 살 생 生 시대 대 代

중생대

교 고생대와 신생대의 중간에 위치한 지질 시대.

난 고생대를 대표하는 삼엽충이지!

새 신 新 살 생 生 시대 대 代

신생대

교 지질 시대 가운데 가장 최근의 시대. 약 6500만 년 전부터 지금까지의 시기.

쏙쏙 문제

빈칸에 알맞은 낱말을 〈보기〉에서 골라 써 보세요.

〈보기〉 지질 시대, 중생대, 신생대

- 땅의 바탕이 만들어진 시대라고 해서 ❶   라고 한다.
- 지질 시대는 오래된 순서에 따라 고생대, ❷   , ❸   로 나뉜다.

한자의 뜻과 유래에 대한 설명을 읽고, 한자를 익혀 보세요.

巖

준3급

바위 암

총 23획 | 부수 山, 20획

아버지가 엄한 모습으로 야단을 치실 때 거대한 바위 앞에 서 있는 것 같지? 그럴 때 아버지는 밀어도 꿈쩍하지 않을 것처럼 단단해 보여. 예나 지금이나 아버지의 모습은 엄했나 봐. 바위 암【巖】은 산을 뜻하는 산【山】과 엄하다는 뜻의 엄【嚴】이 합쳐진 말이야. '엄'으로 소리 나는 부분이 '암'이라고 바뀐 거지.

한자 암기카드

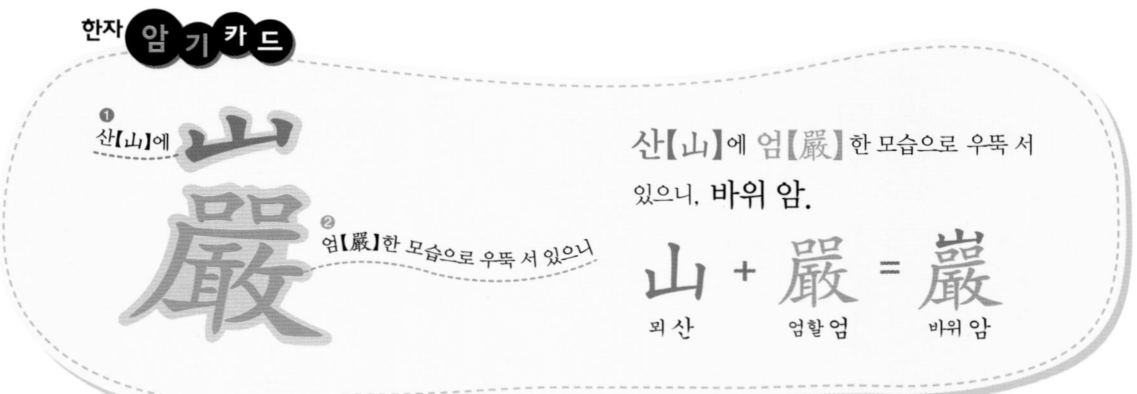

岩

바위 암

총 8획 | 부수 山, 5획

암(巖)은 쓰기가 어렵기 때문에, 대신 '산(山)에 있는 돌(石)'이라는 뜻으로 생긴 암(岩)을 더 많이 쓰지. 같은 뜻이지만 '巖'에 비하면 '岩'은 쓰기가 훨씬 쉽지?

'한자 암기카드'를 보고 빈칸에 들어갈 말을 써 보세요.

산【山】에 ❶ ___【嚴】한 모습으로 우뚝 서 있으니, 바위 암(巖).

巖의 뜻은 바 위 이고, 음은 ❷ ___ 입니다.

巖의 어원을 생각하면서 필순에 따라 써 보세요.

巖	巖	巖	巖	巖			

1 돌담 안에 든 낱말 가운데 ❶~❸의 뜻에 맞는 낱말을 찾아 ◯로 묶고, 빈칸에 낱말을 쓰세요.

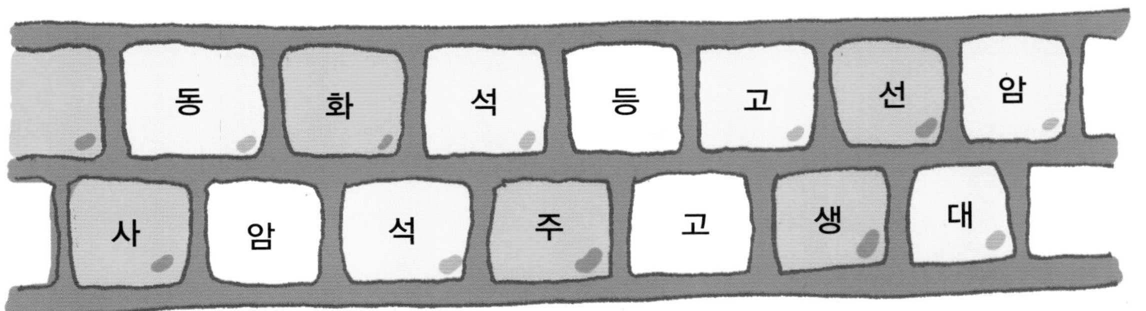

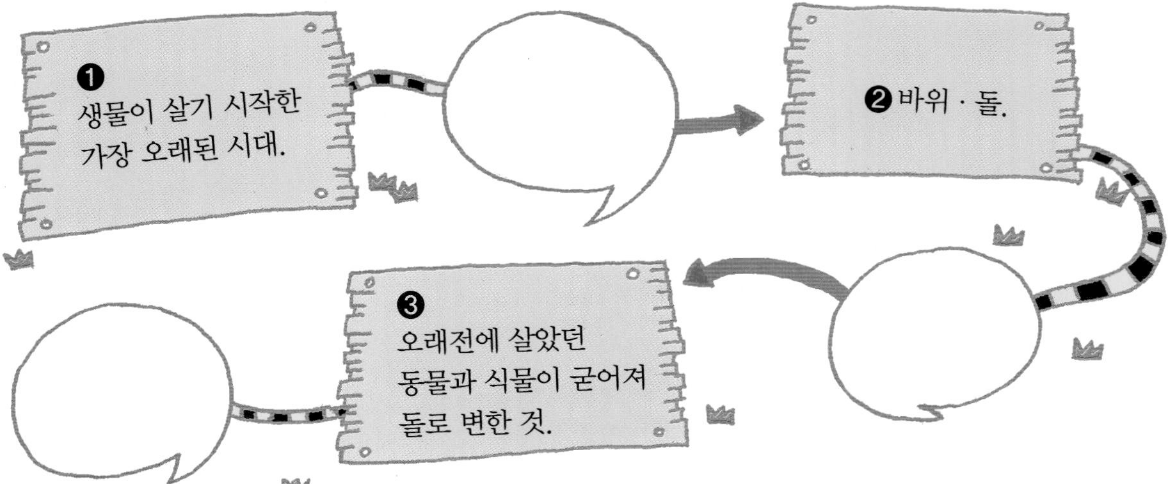

나란히 붙어 있는 글자로 된 낱말이에요.

2 〈보기〉의 한자를 완성하려면 어떤 글자 조각이 필요한지 ❶~❹에서 고르세요.

〈보기〉 산에 엄한 모습으로 우뚝 서 있으니, 바위 암.

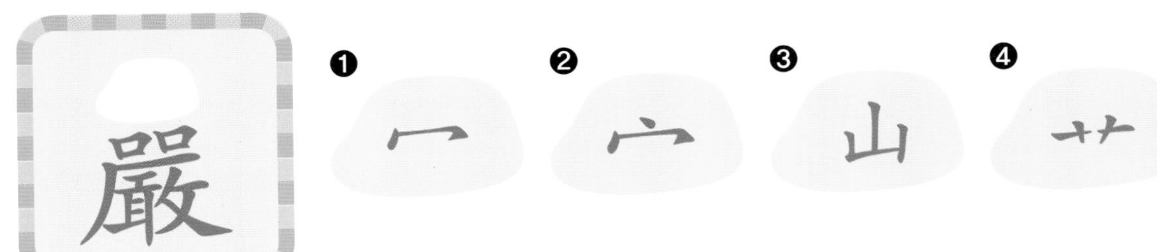

'퇴적'은 블록을 쌓아 올리듯 차곡차곡 쌓는 거야. 지층은 퇴적의 결과라고 할 수 있지.
땅이 차곡차곡 쌓여서 여러 개의 층이 만들어진 것이니까.
퇴적이라는 낱말은 쌓는다는 뜻을 가진 한자로 이루어져 있어.

날 쌓이고【堆】 또 쌓임【積】.
교 물이나 바람에 의해 운반되어 온 알갱이들이 일정한 곳에 쌓이는 것.
예 퇴적층은 퇴적 작용으로 생긴 지층이다.

자갈, 모래, 진흙 등은 물에 떠내려가다가 호수나 바다 밑에 쌓이지. 쌓이고, 그 위로 또 쌓이고, 계속 쌓이다 보면 엄청나게 무거워져. 그러면 밑에 깔린 것들은 무게를 못 이겨 단단하게 엉겨붙고 굳어진단다. 시간이 지나면 암석이 되는데 이를 퇴적암이라 해.
퇴적암에는 자갈과 모래와 진흙이 한데 뭉쳐진 '역암',
모래가 굳어져 만들어진 '사암', 진흙이 다져져 만들어진 '이암' 등이 있단다.

날 교 모래【沙】가 쌓여 된 바위【巖】.

날 교 진흙【泥】이 쌓여 된 바위【巖】.

날 조약돌【礫】이 쌓여 된 바위【巖】.

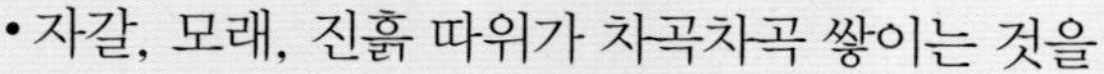

빈칸에 알맞은 낱말을 <보기>에서 골라 써 보세요.

<보기> 퇴적, 퇴적암, 이암, 사암, 역암

- 자갈, 모래, 진흙 따위가 차곡차곡 쌓이는 것을 ① ______ 이라고 한다.
- 퇴적 작용으로 생긴 암석이 ② ______ 이다.
- 퇴적암 중 모래가 쌓인 것은 ③ ______ , 진흙이 쌓인 것은 ④ ______ , 자갈이 쌓인 것은 ⑤ ______ 이다.

고성군 상족암 지층.

공룡 발자국 화석을 볼 수 있는 고성군 바닷가의 모습이야.
마치 시루떡처럼 겹겹이 층을 이루고 있지?
오랜 세월 쌓이고 쌓인 퇴적암이 층을 이루어 이런 모습이 된 거지.
'지층'이란 땅이 겹겹이 쌓여 층을 이루고 있는 것이야.

땅 지 地 / 층 층 層

지층

낱 땅【地】이 겹겹이 쌓여 층【層】을 이루고 있음.
교 자갈, 모래, 진흙 등 퇴적물이 물 밑이나 지표에 쌓여 이루어진 층.

제 4 일차

퇴적암은 오랜 세월 동안 자갈과 모래와 진흙이 층층이 쌓여 만들어지지.
그래서 퇴적암에서는 층층이 쌓인 결을 볼 수 있단다.
이 결을 '층리'라고 해. 층을 이루는 결이라는 뜻이야.

층 층 層 / 결 리 理

층리

낱 층【層】을 이루는 결【理】.
교 퇴적암에서 알갱이의 크기나 색 등이 달라 생기는 결.
예 '셰일'은 층리가 아주 얇은 암석이다.

꼭 시루떡 같지?
내가 바로 층리야!

층(層)은 '삼층 석탑, 고층 건물, 이층집' 등에서와 같이
물체를 여러 겹으로 쌓았을 때, 같은 높이를 이루는 부분을 말해.
나이나 특성이 비슷한 사람들의 무리를 뜻하는 말로도 쓰인단다.
손님을 통틀어 말하는 '고객층'이나 나이 많은 사람들을 가리키는 '노년층'처럼 말이야.

돌아볼 고 顧 / 손 객 客 / 층 층 層

고객층

교 가게에 오는 손님들의 집단.
예 취향이 까다로운 고객층이다.

늙을 로 老 / 나이 년 年 / 층 층 層

노년층

낱 교 늙은【老】 나이【年】의 사람들 무리【層】.
예 이것은 40, 50대 중년층과 60, 70대 노년층을 겨냥한 제품이다.

쏙쏙 문제

빈칸에 알맞은 낱말을 〈보기〉에서 골라 써 보세요.

〈보기〉 노년층, 지층, 고객층

- 땅이 차곡차곡 쌓인 ❶ ______ 은 시루떡처럼 생겼다.
- 삼색 송편은 청년층보다 나이가 많은 ❷ ______ 이 더 좋아한다.
- 이 가방은 젊은 ❸ ______ 의 취향을 고려하여 값싸고 튼튼하게 만들었다.

한자의 뜻과 유래에 대한 설명을 읽고, 한자를 익혀 보세요.

積

4급

쌓을 적

총 16획 | 부수 禾, 11획

벼【禾】를 책임【責】지고 묶어 쌓아 놓는다는 뜻이야.
지금은 기계를 많이 쓰지만, 옛날에는 손으로 일일이 벼를 수확했어.
익은 벼는 제때 베어 잘 묶어 쌓아 놓고 타작에 대비했단다.
타작이 끝나면 마당에는 볏짚이 수북이 쌓이는데,
볏짚을 잘 묶어 쌓아 두는 것도 중요한 일이었지.
볏짚은 쓸모가 많으니까 말이야.
이렇게 벼를 잘 묶어 쌓아 두는 일은 누군가 책임【責】지고
해야 할 중요한 임무였단다.

들판에 쌓인 볏단.

한자 암기카드

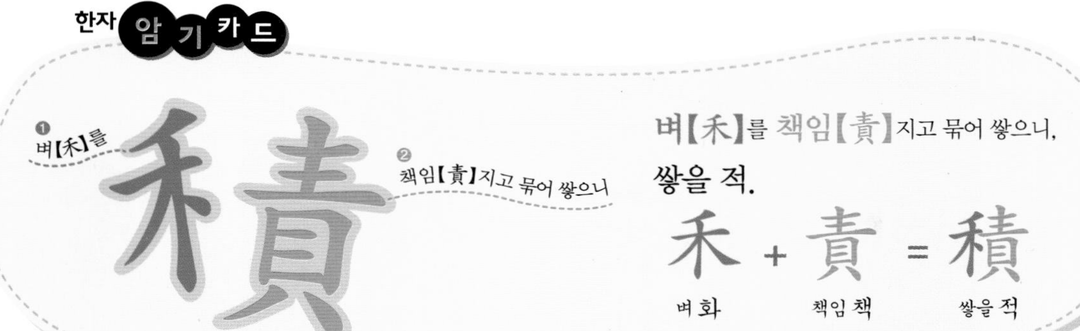

責

5급

책임 책

총 11획 | 부수 貝, 4획

주인(主)이 빌려 간 돈(貝)을 갚으라고 꾸짖고 책임을 물으니, 책임 책.
'책임 책(責)'의 본래 뜻은 '꾸짖다'야.
옛날에는 조개【貝】가 돈으로 쓰였지.
소중한 돈과 재물을 빌렸다가 제때에 갚지 못하면
채찍질하고 꾸짖었던 것에서 '책임지다'라는 뜻도 나온 것이지.

'한자 암기카드'를 보고 빈칸에 들어갈 말을 써 보세요.

벼【禾】를 ❶ ( )( )【責】지고 묶어 쌓으니, 쌓을 적(積).

積의 뜻은 쌓 다 이고, 음은 ❷ ( ) 입니다.

積의 어원을 생각하면서 필순에 따라 써 보세요.

積 積 積 積 積 積 積 積 積 積 積 積 積 積 積 積

積 積 積 積 積

1 ❶~❸의 뜻을 찾아 길에 줄을 그으세요.

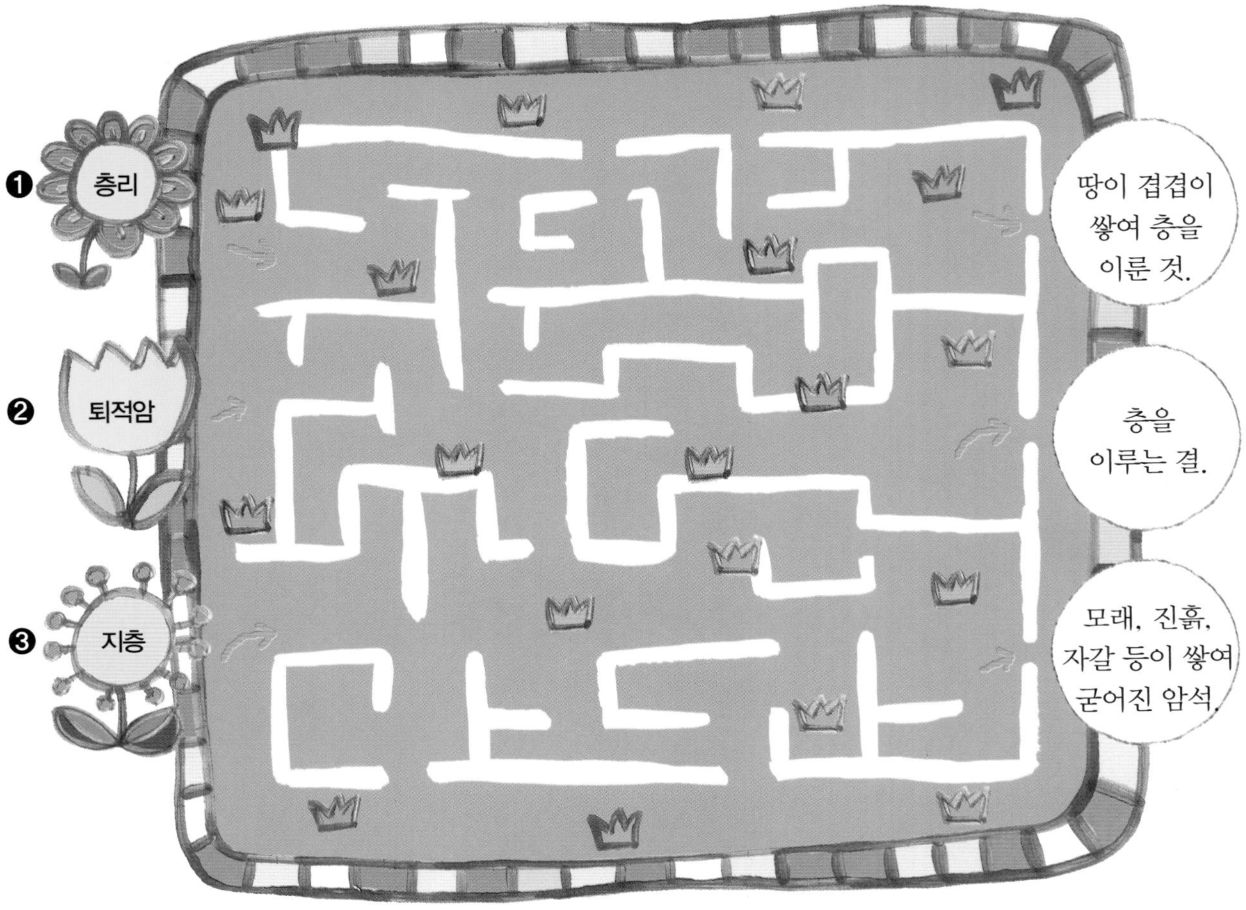

❶ 층리

❷ 퇴적암

❸ 지층

땅이 겹겹이 쌓여 층을 이룬 것.

층을 이루는 결.

모래, 진흙, 자갈 등이 쌓여 굳어진 암석.

2 왼쪽에 음뜻이 주어진 한자를 오른쪽 빈칸에 쓰세요.

*이 글은 초등학교 4학년 어린이가 쓴 일기입니다.

'가져갔는데'라고 쓴단다.

오늘 미술 시간이었다. 물감을 가저갔는데 빨간색만 사라지고 없었다. 월드컵 경기를 주제로 그림을 그리려고 했는데

'붉은'이라고 써야 해. '굳어서'라고 쓴단다.

불근 악마를 그릴 수가 없게 되었다. 게다가 녹색은 굿어서 쓸 수도 없었다. 짝에게 빌려 달라니까 싫다는 거다. 내가 큰 걸 바랜 것도 아닌데 너무하다.

'바란 것도'라고 쓴단다.

색은 '바래고', 선물은 '바라고'

선물은 '바래다'가 아니고 '바라다'로 써야 한단다.
'바래다'는 빛이나 습기를 받아 색이 변할 때 쓰는 거야.
'바라다'는 사람의 생각이나 원하는 것을
이루고자 하는 마음을 말한단다.

바래다

- 빛이나 습기를 받아 색이 변하거나 약물을 써서 빛깔을 희게 하다.
  - 예 그림이 오래되어서 색이 바랬다.

바라다

- 생각이나 바람대로 어떤 일이 이루어지거나 그렇게 되었으면 하고 생각하다.
  - 예 나는 그가 와 주길 바란다.

1 '발'과 빈칸의 글자가 합쳐지면 두 글자의 낱말이 완성됩니다.
❶~❸의 뜻에 맞는 낱말이 되도록 빈칸에 글자를 쓰세요.

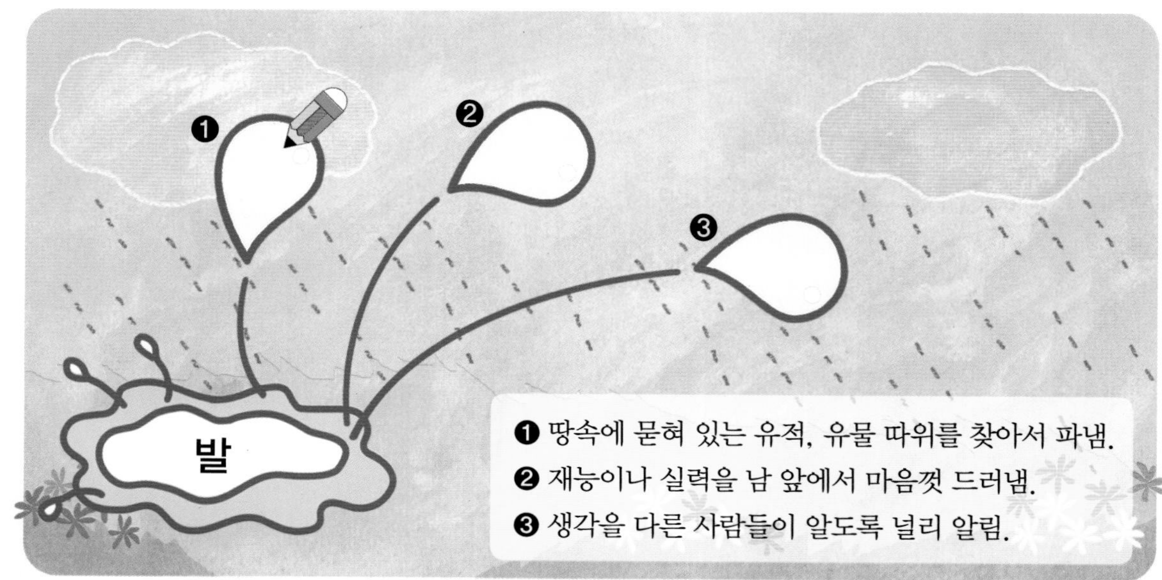

빈칸에 들어갈 글자는 휘, 굴, 표 가운데 하나입니다.

2 ❶~❹에서 사다리를 타고 가다 만나는 빈칸에 알맞은 한자를 쓰세요.

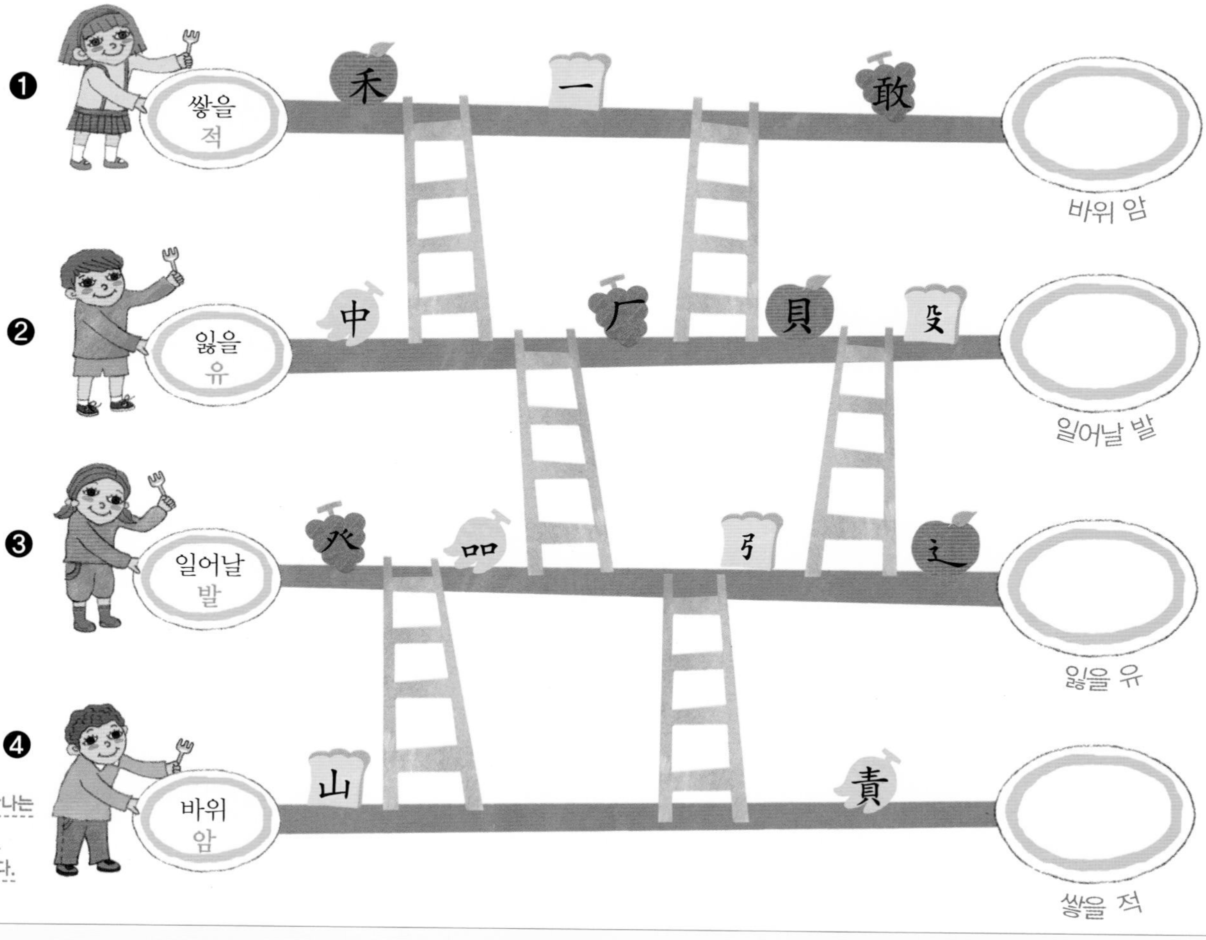

❶ 쌓을 적 — 禾 一 敢 — 바위 암

❷ 잃을 유 — 中 厂 貝 癶 — 일어날 발

❸ 일어날 발 — 殳 吅 弓 辶 — 잃을 유

❹ 바위 암 — 山 責 — 쌓을 적

사다리 중간에 만나는 글자들을 합치면 한자가 완성됩니다.

3 ❶~❹의 뜻을 가진 낱말이 되도록 거미 등의 빈칸에 알맞은 글자를 쓰세요.

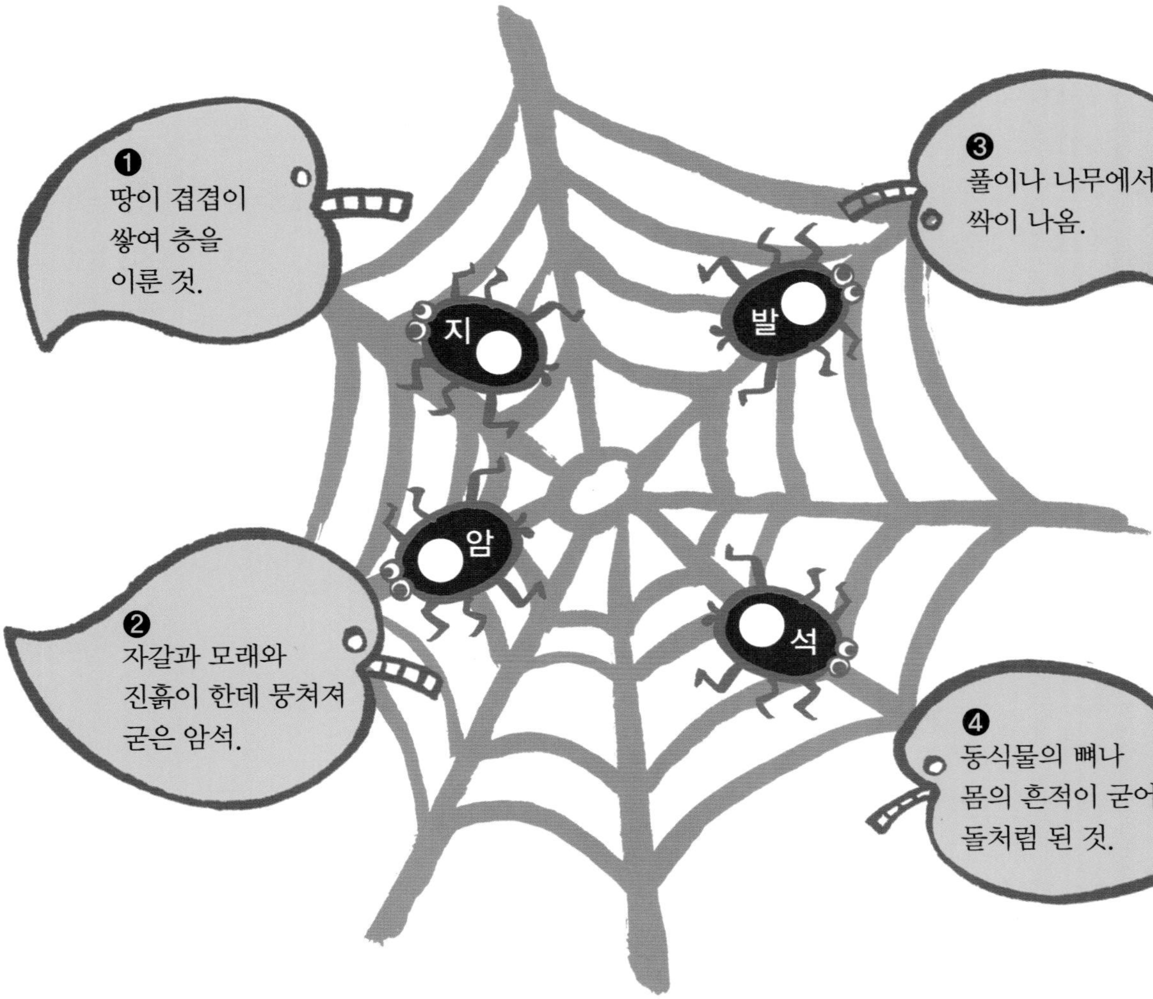
❶
땅이 겹겹이
쌓여 층을
이룬 것.
❷
자갈과 모래와
진흙이 한데 뭉쳐져
굳은 암석.
❸
풀이나 나무에서
싹이 나옴.
❹
동식물의 뼈나
몸의 흔적이 굳어져
돌처럼 된 것.
지
발
암
석

4 양쪽 한자에 공통으로 들어 있는 글자를 ❶~❹에서 고르세요.

❶ 辶
❷ 貝
❸ 禾
❹ 見
귀할
귀
잃을
유

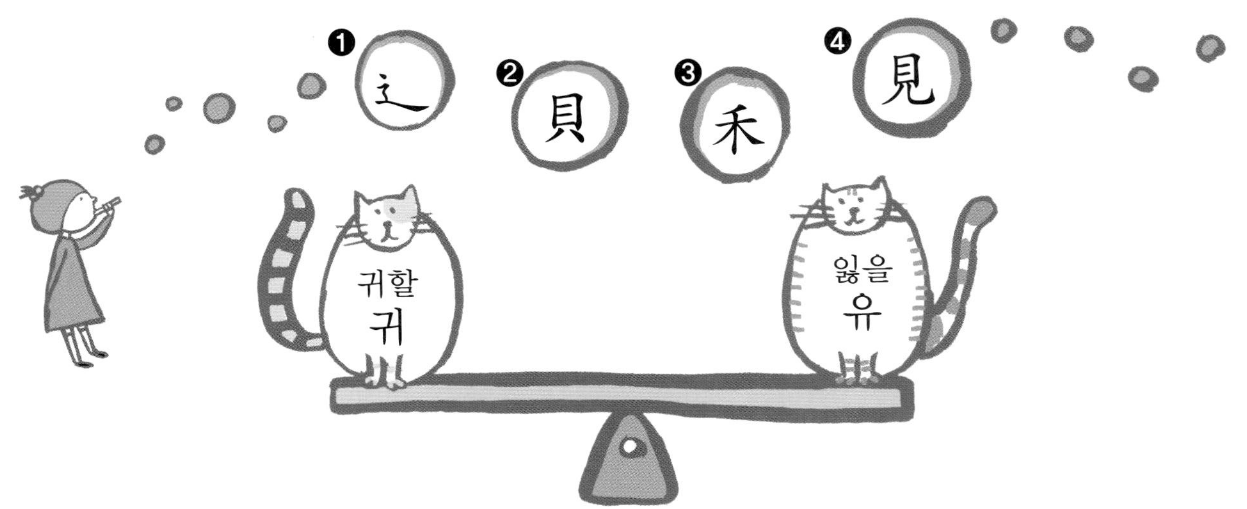

평가 문제

1~4 다음 글을 읽고 물음에 답하세요.

우리 고장의 ㉠**유적**과 ㉡**유물**을 조사할 때 가장 쉽고 편리하게 이용할 수 있는 곳이 박물관입니다. 박물관에서는 유적이나 유물을 조사하여 발굴하거나, 가치 있는 문화재를 모아 보존합니다. 박물관을 견학하면 우리 조상들이 남긴 문화㉢**유산**을 잘 알 수 있습니다.

1. 다음 중 ㉠에 해당하는 것은 무엇인지 고르세요. (　　　　)

❶ 빗살무늬 토기　　❷ 고려 청자
❸ 신라 시대 금관　　❹ 석촌동 고분
❺ 훈민정음

2. ㉡에 대해 바르게 말한 것을 고르세요. (　　　　)

❶ 조상이 남긴 물건이다.
❷ 조상들이 살았던 집터이다.
❸ 옮기거나 움직일 수 없는 것이다.
❹ 글로 적어 내려오는 것만을 말한다.
❺ 시간이 흐르면 가치가 없어지는 것이다.

3. ㉠~㉢에 공통으로 쓰인 '유'를 한자로 쓰세요.

(　　　　　　　　　　)

4. 〈보기〉의 뜻에 해당하는 낱말을 위 글에서 찾아 쓰세요.

〈보기〉 땅속에 묻혀 있는 유적, 유물 따위를 찾아서 파냄.

(　　　　　　　　　　)

5. '땅속에 묻혀 있는 유물 따위를 훔치려고 몰래 파내는 것'을 뜻하는 낱말을 고르세요. (　　　　)

❶ 발굴　　❷ 굴착　　❸ 도굴
❹ 발발　　❺ 발제

6~10 다음 글을 읽고 물음에 답하세요.

(가) 진흙, 모래, 자갈 등이 계속 쌓이다 보면 눌려서 단단해집니다. 진흙, 모래, 자갈과 같은 알갱이들이 쌓여 굳어진 암석을 (㉠)이라고 합니다. 땅이 겹겹이 쌓여 층을 이루고 있는 것은 (㉡)이라고 합니다.

(나) 옛날에 살았던 동물이나 식물이 죽어서 그 흔적이 남아 있는 돌을 (㉢)이라고 합니다.

6. ㉠에 들어갈 말을 세 글자로 쓰세요.

( )

7. ㉠의 한 종류가 되는 암석으로, 진흙이 굳어 된 암석을 〈보기〉에서 골라 쓰세요.

〈보기〉 이암, 사암, 역암

( )

8. ㉡에 들어갈 말을 두 글자로 쓰세요.

( )

9. ㉢에 들어갈 말을 두 글자로 쓰세요.

( )

10. (나)의 밑줄 친 부분에 해당하는 그림을 고르세요. ( )

② 

③ 

④ 

⑤ 

볼링은 밥공기를 굴리는 것?

밥공기 모양의 사발이나 그릇을 **bowl**이라고 하지.
그럼 **bowl**에 **–ing**를 붙인 **bowling**은 무슨 뜻일까?
볼링bowling, 많이 들어 본 말이지?
맞아. 볼링은 공을 굴려서 핀을 쓰러뜨리는 경기를 말해.
그렇다면 볼링은 밥공기랑 무슨 상관이 있는 것일까?
볼링bowling에서 **bowl**은 밥공기가 아니라 공굴리기를 하다라는 뜻이야.
여기에 **–ing**를 붙여서 ~하기라는 뜻을 만든 거지.
그러니까 볼링bowling은 공굴리기라는 뜻이야.

bowl 공굴리기를 하다 + **ing** ~하기 → **bowling** 볼링

정리해서 말하자면,
영어에서는 일상생활의 모든 행동에 **–ing**를 붙여서 '~하기'라는 뜻을 만들 수 있어.
밥 먹고, 공부하고, 물 마시고, 운동하고, 책 읽고, **TV** 보고,
잠자는 그 모든 행동에 **–ing**를 붙일 수가 있는 거지.

자, 그럼 **–ing**를 붙여서 '~하기'라는 뜻으로 만들어 볼까?

shopping

쇼핑[shopping] 좋아하니?
쇼핑은 말 그대로 '쇼핑, 장보기'라는 뜻이야. **shop**이 '물건을 사다'라는 뜻이고 여기에 **–ing**를 붙인 거지.
주말에 엄마랑 백화점에 쇼핑하러 가자고 졸라 볼까?

diving

다이빙[diving]은 '물속으로 뛰어들기'라는 뜻이지! **dive**가 '물속으로 뛰어들다'이고 여기에 **–ing**를 붙인 거야.
수영 선수들의 다이빙하는 모습 정말 멋지지 않니?
와우!

jogging

조깅[jogging]이 뭔지 알지?
천천히 달리는 것을 말해.
조깅은 **jog** '천천히 달리다'에 **–ing**를 붙여서 만든 말이야.
조깅을 꾸준히 하면 건강에 아주 좋아.

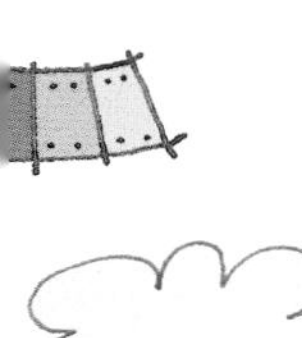

banking

뱅킹[banking]은 '은행과 거래하다'라는 뜻의 **bank**에 **–ing**를 붙인 거야.
'은행 업무'라는 뜻이지.
인터넷 뱅킹은?
은행에 가지 않고 인터넷으로 거래하는 것을 말하지.

콕콕 정답

제1일차

05쪽 1. 고고학 2. 침략 3. 발굴
4. 해독 5. 유적 6. 유물

06쪽 ❶ 유적 ❷ 유물

07쪽 ❶ 유전 ❷ 유골 ❸ 유산

08쪽 ❶ 가운데 ❷ 하나 ❸ 재물
❹ 걸어가니 ❺ 유

09쪽

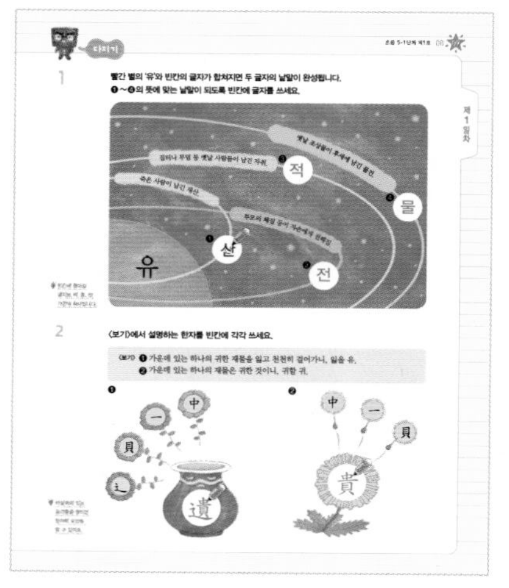

제2일차

10쪽 ❶ 도굴 ❷ 발굴 ❸ 채굴

11쪽 ❶ 발휘 ❷ 발제 ❸ 발표

12쪽 ❶ 활 ❷ 몽둥이 ❸ 발

13쪽

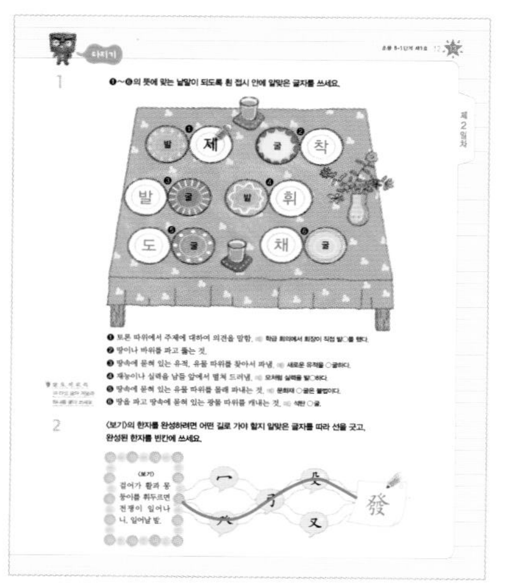

제3일차

17쪽 1. 낙원 2. 암석 3. 산지
4. 화석 5. 지층 6. 퇴적

18쪽 ❶ 암석 ❷ 화석

19쪽 ❶ 지질 시대 ❷ 중생대 ❸ 신생대

20쪽 ❶ 엄 ❷ 암

21쪽

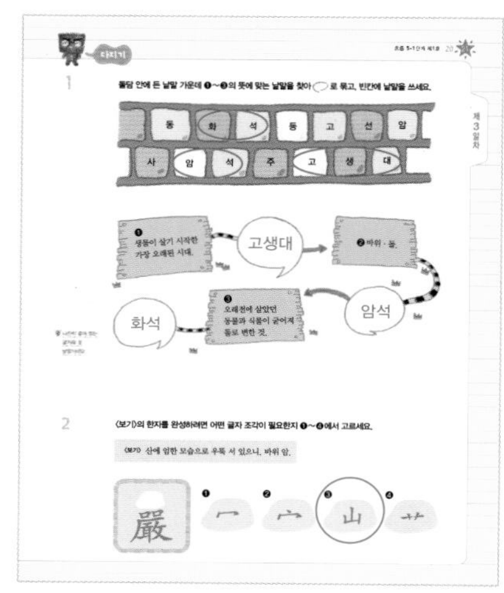

제4일차

22쪽 ❶ 퇴적 ❷ 퇴적암 ❸ 사암
❹ 이암 ❺ 역암

23쪽 ❶ 지층 ❷ 노년층 ❸ 고객층

24쪽 ❶ 책임 ❷ 적

25쪽

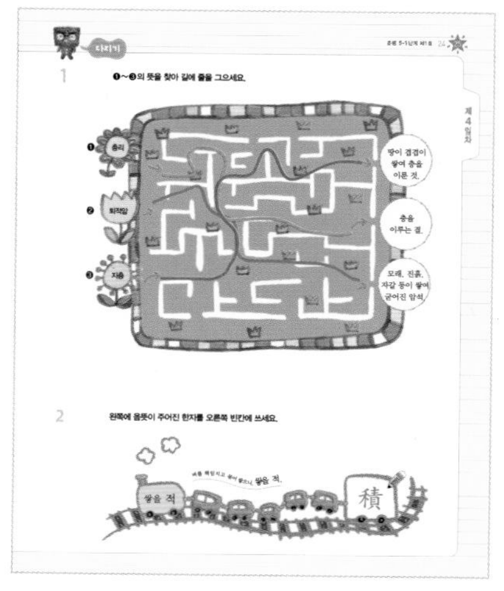

제5일차

도전! 어휘왕

28-29쪽

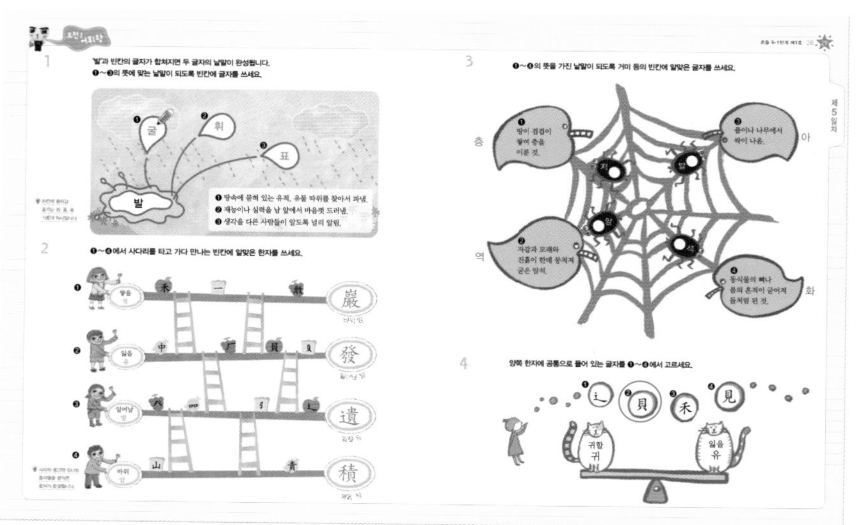

평가 문제

30-31쪽 1. ❹ 2. ❶ 3. 遺 4. 발굴 5. ❸
6. 퇴적암 7. 이암 8. 지층 9. 화석 10. ❷

쉽게 풀어 설명한 유적과 유물

유적이나 유물의 이름에는 어려운 한자어들이 꽤 많이 쓰여.
하지만 이름을 붙일 때 아무 말이나 붙이는 건 아니지.
쓰임과 특징, 모양이나 짜임새에 따라
그것을 나타내는 이름을 붙인단다.

첨성대(瞻星臺) 별【星】을 바라보는【瞻】돈대【臺】.
신라 시대에 만들어졌는데, 별을 관측하는 곳이었다고 해.

측우기(測雨器) 비【雨】의 양을 재는【測】 기구【器】.
농사짓는 데 비의 양은 아주 중요하지. 강수량을 재기 위해 만든 도구란다.
측우기가 만들어지기 전에는 땅속에 스며든 빗물의 깊이를 재어야 했는데,
정확하지 않아서 이를 보완하기 위해 만든 기구야.

석빙고(石氷庫) 돌【石】로 지어 얼음【氷】을 보관하던 창고【庫】.
겨울에 얼음을 넣어 보관하면 더운 여름에도 얼음을 꺼낼 수 있도록
과학적으로 설계되어 있단다.
경주에 가면 신라 시대에 만들어진 석빙고를 볼 수 있을 거야.

자격루(自擊漏) 스스로【自】 두드려【擊】 시간을 알려 주는 물시계【漏】.
일정 시간마다 물받이에 물이 차오르게 하면, 연결된 나무 인형이
스스로 종과 북을 치게 하는 원리로 만들어졌단다.

거중기(擧重機) 무거운【重】 물건을 들어 올리는【擧】 기기【機】.
수원 화성을 건축할 때 정약용이 만든 도구라고 해.
도르래를 이용해서 적은 힘으로도 큰 돌을 들어 올릴 수 있었지.

봉수대(烽燧臺) 횃불【烽】과 연기【燧】를 피워 올리는 돈대【臺】.
외적이 침입하거나 큰 난리가 났을 때 빨리 소식을 알리기 위해 만든 곳이야.
높은 산봉우리에 설치하여 밤에는 횃불【烽】로, 낮에는 연기【燧】로 신호를 보냈어.

마애불(磨崖佛) 깎아지른 바위【崖】에 새긴【磨】 불상【佛】.
커다란 바위 표면에 새겨 놓은 불상이야.
경주에는 '칠불암 마애 석불'이 있고, '서산 마애 삼존 불상'도 유명하단다.

마법의 상위권 어휘 스스로 평가표

01

다음 네 낱말 중 뜻을 자신 있게 말할 수 있는 낱말은 ○표, 알쏭달쏭한 낱말은 △표, 자신 없는 낱말은 ×표 하세요.

유적 (　　) | 발굴 (　　) | 화석 (　　) | 퇴적 (　　)

02

다음 네 한자 중 음과 뜻을 자신 있게 말할 수 있는 것은 ○표, 알쏭달쏭한 것은 △표, 자신 없는 것은 ×표 하세요.

遺 (　　) | 發 (　　) | 巖 (　　) | 積 (　　)

03

〈평가 문제〉를 모두 풀고 정답을 확인해 보세요. 10문항 중 내가 맞힌 문항 수는 몇 개인가요?

❶ 9-10 문항 (　　) | ❷ 7-8 문항 (　　) | ❸ 3-4 문항 (　　) | ❹ 1-2 문항 (　　)

| 부모님과 선생님께 |

위에서 어린이가 스스로 적은 내용을 보고, 어린이가 어려워하는 부분을 함께 보면서
어휘의 뜻과 쓰임을 이해할 수 있도록 해 주세요.

초등 5-1 단계

어휘를 알아야 만점을 잡는다!

스토리텔링식 신교과서 학습을 위한

마법의 상위권 어휘

제 2 호

제 1 일차	제 2 일차	제 3 일차	제 4 일차	제 5 일차
특산물 전단지 이야기를 읽고, 대표 어휘 '생산'의 뜻과 한자 '産'을 익힙니다. '생산'에서 확장된 여러 낱말의 뜻을 스스로 추론해 보도록 지도해 주세요.	대표 어휘 '경제'의 뜻과 한자 '資'을 익히고, 관계있는 낱말도 함께 익힙니다. 다지기 문제를 풀어 보고, '올곧다'라는 표현도 익히도록 해 주세요.	승원이 부업 이야기를 읽고, 대표 어휘 '소득'의 뜻과 한자 '所'를 익힙니다. '소득'에서 확장된 여러 낱말의 뜻을 스스로 추론해 보도록 지도해 주세요.	대표 어휘 '수입'의 뜻과 한자 '收'를 익히고, 관계있는 낱말도 함께 익힙니다. 다지기 문제를 풀어 보고, '무치다'와 '묻히다'을 구별하여 쓰도록 해 주세요.	재미있는 게임 문제와 학교 시험 유형의 평가 문제를 풀며 어휘 실력을 다집니다. '킬로그램(kilogram)'이 들어가는 영어 단어들도 함께 익히도록 해 주세요.

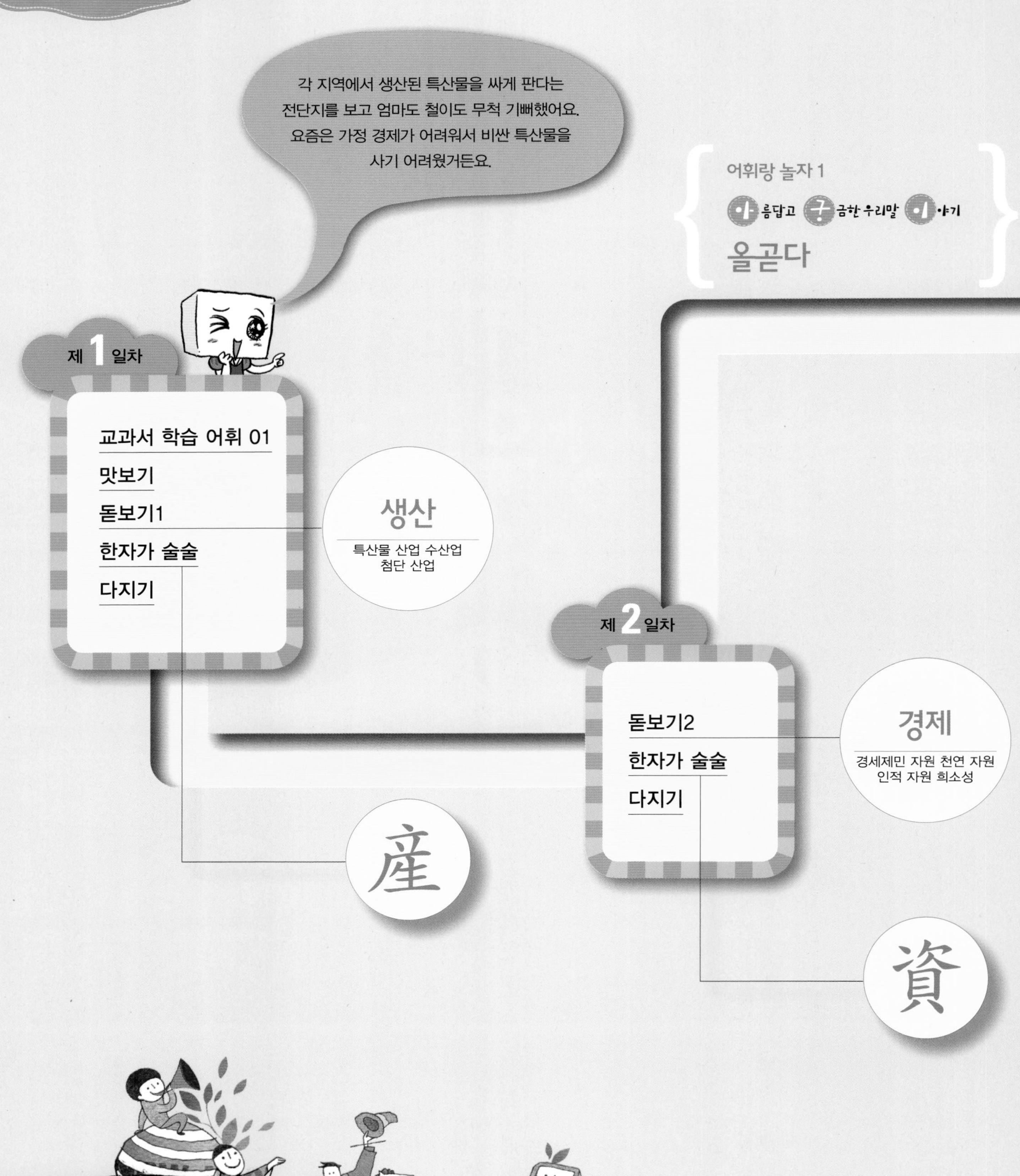

이런 내용을 배워요!
각 지역에서 생산된 특산물을 싸게 판다는
전단지를 보고 엄마도 철이도 무척 기뻐했어요.
요즘은 가정 경제가 어려워서 비싼 특산물을
사기 어려웠거든요.
어휘랑 놀자 1
아름답고 궁금한 우리말 이야기
올곧다
제 1 일차
교과서 학습 어휘 01
맛보기
돋보기1
한자가 술술
다지기
생산
특산물 산업 수산업
첨단 산업
產
제 2 일차
돋보기2
한자가 술술
다지기
경제
경세제민 자원 천연 자원
인적 자원 희소성
資

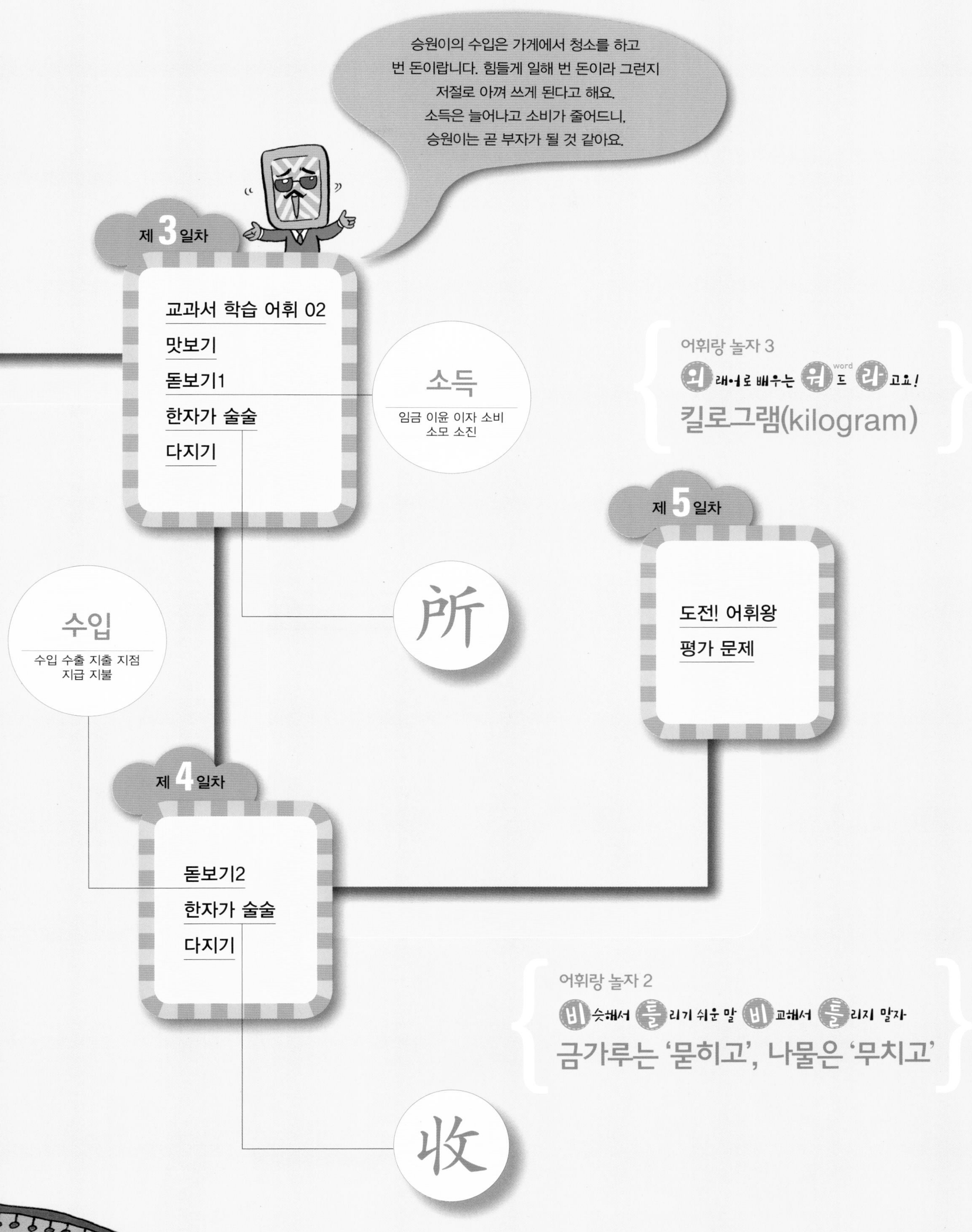
승원이의 수입은 가게에서 청소를 하고
번 돈이랍니다. 힘들게 일해 번 돈이라 그런지
저절로 아껴 쓰게 된다고 해요.
소득은 늘어나고 소비가 줄어드니,
승원이는 곧 부자가 될 것 같아요.
제 3 일차
교과서 학습 어휘 02
맛보기
돋보기1
한자가 술술
다지기
소득
임금 이윤 이자 소비
소모 소진
所
수입
수입 수출 지출 지점
지급 지불
제 4 일차
돋보기2
한자가 술술
다지기
收
어휘랑 놀자 3
외래어로 배우는 워드 라고요!
킬로그램(kilogram)
제 5 일차
도전! 어휘왕
평가 문제
어휘랑 놀자 2
비슷해서 틀리기 쉬운 말 비교해서 틀리지 말자
금가루는 '묻히고', 나물은 '무치고'

01

돋보기 생산 · 경제

◑ **글 속의 주황색 낱말들은 무슨 뜻일까요? 잘 생각하면서 다음 글을 읽어 보세요.**

철이는 매일 아침 아버지께 신문을 가져다 드리는 일로 하루를 시작합니다.
오늘도 여느 때처럼 현관문을 열고 신문을 가져오는데
신문 사이에 전단이 끼여 있습니다.
일주일 동안 여러 가지 상품을 엄청나게 싼값으로 판매한다는 내용이었지요.
엄마가 좋아하시겠다! 철이는 부리나케 부엌에 계신 엄마에게 전단을 가져다 드렸습니다.
아니나 다를까, 엄마는 매우 반가워하셨습니다.
특히 나주 배, 예산 사과, 금산 인삼, 홍성의 새우젓까지
각지에서 생산된 유명한 특산물을 싸게 살 수 있겠다고 좋아하셨지요.
요즈음 가정 경제가 어려워서 비싼 특산물은 엄두도 못 내셨다면서 말이에요.
철이는 엄마에게 영광 굴비를 많이 사 달라고 했어요.
철이네 식구는 모두 굴비구이를 좋아합니다.
철이는 굴비를 실컷 먹을 수 있겠다는 생각에
마냥 신이 납니다.

맛보기

◑ 빈칸에 알맞은 낱말을 왼쪽 글의 주황색 낱말 중에서 찾아 써 보세요.
잘 모를 땐 💡를 보거나, ❶~❸에서 골라 쓰세요.

1 신문 사이에 상품을 광고하는 전 단 이 끼여 있어요.
💡 원래는 무엇을 알리거나 선전하기 위해 만든 종이쪽지라는 뜻이에요.

❶ 전단　　❷ 비단　　❸ 수단

2 나주 배, 상주 곶감, 영광 굴비 등은 대표적인 지역 ______ 입니다.
💡 다른 지역에 비해 특별히 많이 나거나 그 지역에서만 생산되는 것을 말해요.

❶ 특공대　　❷ 특산물　　❸ 특효약

3 시장에서 사고파는 것은 모두 ______ 입니다.
💡 백화점에서는 ○○을 많이 판매하기 위해 진열에 세심하게 신경을 쓰지요.

❶ 상점　　❷ 상금　　❸ 상품

4 물건을 가장 많이 판 사람을 ______ 왕이라고 해요.
💡 할인 ○○, 염가 ○○.

❶ 구매　　❷ 판매　　❸ 열매

5 ______ 가 어려우면 시장에 물건을 사려는 사람들이 줄어들어요.
💡 살아가는 데 필요한 것(물건, 노동력 등)을 만들어 내고 사용하는 모든 활동을 뜻해요.

❶ 경고　　❷ 경제　　❸ 경품

6 양파 ______ 량이 너무 많아 가격이 떨어졌습니다.
💡 우리가 생활하는 데 필요한 먹을거리와 물건을 만들어 내는 활동을 말해요.

❶ 생산　　❷ 생강　　❸ 생수

돋보기1 각지에서 생산된 유명한 특산물을 싸게 살 수 있겠다고 좋아하셨지요

'생산'이란 필요한 물건을 만들어 내는 일이야.
원래는 '아이를 낳다'라는 뜻이지.
그런데 왜 필요한 물건을 만들어 내는 것을 아이를 낳는다고 했을까?
사람에게 가장 중요한 먹을거리는 오직 땅에서만 생산할 수 있잖아.
그래서 옛날 사람들은 땅을 어머니라고 생각했어.
어머니가 아이를 낳듯이 땅이 먹을거리를 낳는다는 뜻이지.

날 아이나 새끼를 낳음【生産】.

교 사람이 생활하는 데 필요한 각종 물건을 만들어 냄.

예 우리 고장에서는 마늘을 대량으로 생산한다.

날 은 낱글자 풀이.
교 는 교과서의 뜻이야!

생산되는 것은 지역별로 달라. 날씨나 땅의 특성이 서로 다르기 때문에
지역마다 특별히 많이 나는 물건이 있어. 이것을 '특산물'이라고 한단다.
전라도 영광의 굴비, 전라도 고창의 수박, 경상도 통영의 굴 등이 바로 특산물이지.
어떤 지역에서만 특별히 많이 나는 물건은 '특산물'이고,
이를 상품으로 만든 것이 '특산품'이야. 굴비나 굴 같은 특산물
포장하고 가공하여 이런저런 상품으로 만든 것이지.

날 교 어떤 지역에서만 특별히【特】 나는【産】 물건【物】.

예 영광 굴비는 특산물로 유명하다.

빈칸에 알맞은 낱말을 〈보기〉에서 골라 써 보세요.

〈보기〉 생산, 특산물

- ❶ ______ 은 살아가는 데 필요한 물건을 만들어 내는 일로, 이게 잘못된다면 큰 어려움을 겪게 된다.
- 나주 배, 영광 굴비 등은 대표적인 ❷ ______ 이다. 지역마다 많이 나는 물건이 다른 것은 땅이나 날씨가 서로 다르기 때문이다.

특산물을 포함해서 살아가는 데 필요한 물건을 만들어 내는 일을 통틀어 '산업(産業)'이라고 해.
농업은 가장 오래된 산업이라고 할 수 있어.
농사는 신석기 시대부터 시작되었거든.
그렇다고 신석기 시대부터 '산업'이라고 불린 것은 아니야.
'산업'은 규모가 큰 공장에서 최신의 기술로 물건을 만들어 낸다는 뜻이 강해.

산업을 대표하는 공장과 굴뚝.

낱 교 생활에 필요한 물건을 만들어 내는 일, 즉 생산【産】하는 일【業】.

'수산업'은 원래 고기를 잡는 일이라고 하여 고기 잡을 어(漁)를 써서 '어업(漁業)'이라고 했어.
지금은 고기만 잡는 게 아니라 양식장에서 기르기도 하고 통조림으로 만드는 등 공장에서 가공하는 게 대부분이니 '산업'을 붙여 '수산업'이라고 하지.

낱 교 강, 바다 등 물【水】에서 나는 것을 잡고 기르고 가공하여 필요한 물건을 생산하는 산업(産業).

예 우리나라는 삼면이 바다로 둘러싸여 수산업이 발달하기 좋은 조건을 갖추었다.

첨단이란 뾰족한 끝이란 뜻으로 가장 앞선 것을 말해.
'첨단 산업'은 가장 발달한 기술로 모든 산업의 앞에서 이끄는 산업이지.
컴퓨터, 반도체, 항공 우주 산업 등이 대표적인 첨단 산업이란다.

낱 교 뾰족한【尖】 끝【端】처럼 앞에서 이끄는 산업(産業).

예 정부는 첨단 산업을 집중적으로 지원하기로 하였다.

쏙쏙 문제

빈칸에 알맞은 낱말을 〈보기〉에서 골라 써 보세요.

〈보기〉 산업, 수산업, 첨단 산업

- ❶ ____ 은 사람이 살아가는 데 필요한 물건을 생산하는 일이다.
- ❷ ____ 은 옛날에는 어업(漁業)이라고 불렸다.
- 컴퓨터, 반도체 등은 대표적인 ❸ ____ 이다.

한자의 뜻과 유래에 대한 설명을 읽고, 한자를 익혀 보세요.

産

5급

낳을 산

총 11획 | 부수 生, 6획

'산(産)'은 '아이를 낳다'라는 뜻인데, 아이를 낳듯이 물건을 생산한다고 해서 '생산하다'의 뜻으로도 쓰여. 엄마에게 가장 예쁜 사람은 누구일까? 엄마에게 아이는 그 어떤 배우보다 예쁜 꽃미남이고 공주님이야. 꽃미남처럼 예쁘게 생긴 사람【产】을 낳는다고【生】 해서 '낳을 산(産)'이란다. 옛날에 선비【产】는 잘생기고 책도 많이 읽고 성격도 좋은 남자를 말했나 봐.

한자 암기카드

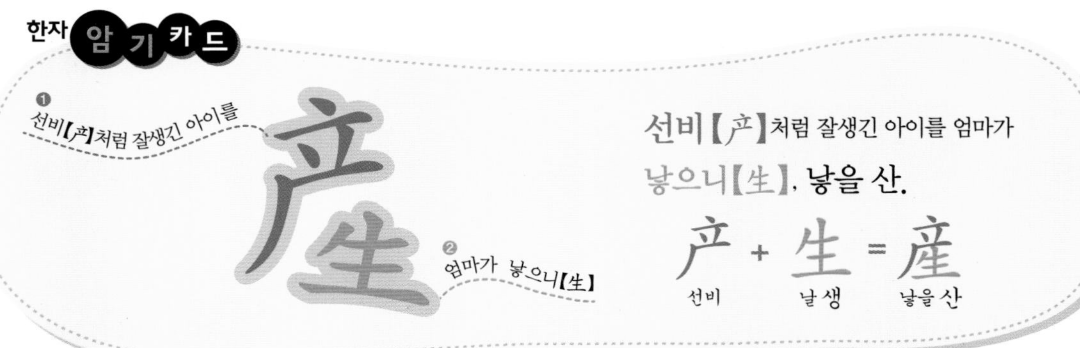

❶ '产'은 '선비 언(彦)'에서 획을 줄인 것임.

산(産)은 선비 언(彦)과 날 생(生)이 합쳐져서 만들어진 글자란다. 선비 언(彦)에서 머리카락이나 수염 등 털을 뜻하는 터럭 삼(彡)을 빼고 대신 날 생(生)을 넣은 거야.

'한자 암기카드'를 보고 빈칸에 들어갈 말을 써 보세요.

❶ ( )【产】처럼 잘생긴 아이를 엄마가 ❷ ( )【生】, 낳을 산(産).

産의 뜻은 (낳 다) 이고, 음은 ❸ ( ) 입니다.

産의 어원을 생각하면서 필순에 따라 써 보세요.

産 産 産 産 産 産 産 産 産 産 産

産	産	産	産	産			

1 **❶~❹의 뜻에 맞는 낱말이 되도록 흰 접시 안에 알맞은 글자를 쓰세요.**

❶ 생활에 필요한 물건을 만들어 내는 일. 예) 대량 ○산.

❷ 어떤 지역에서만 특별히 나는 물건.

❸ 강, 바다 등 물에서 나는 것을 잡고 기르고 가공하여 필요한 물건을 생산하는 일.

❹ 가장 발달한 기술로 모든 산업의 앞에서 이끄는 산업.

2 **<보기>의 한자를 완성하려면 어떤 글자 조각이 필요한지 ❶~❹에서 고르세요.**

<보기> 선비처럼 잘생긴 아이를 엄마가 낳으니, 낳을 산.

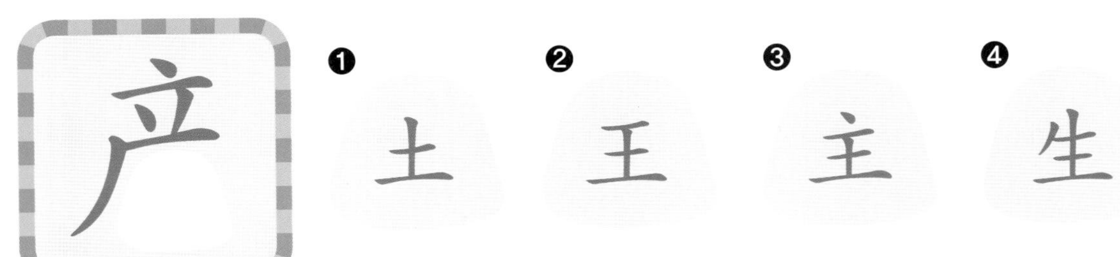

동양과 서양에서 각각 경제라는 낱말이 어떻게 만들어졌는지 살펴보면
경제의 뜻을 이해하는 데 도움이 될 거야.

낱 세상을 다스리고【經】 백성을 구제【濟】함.

교 생활에 필요한 것을 생산하고 나누고 사용하는 모든 과정에 관련된 사람들의 활동.

예 나라 경제를 발전시키기 위해 정부에서 '경제 개발 5개년 계획'을 세웠다.

'경제'는 원래 '이코노미(economy)'를 번역한 낱말이란다.
집【Oikos】을 잘 관리【Nomia】해서 살기 편하게 한다는 뜻의 그리스 어 '오이코노미아(Oikonomia)'에서 경제를 뜻하는 영어 '이코노미(economy)'가 나왔어.

Oikos (집) + Nomia (관리하다) → Oikonomia (살기 편하게 한다) → economy (경제)

'경제'는 세상【世】을 잘 다스려서【經】 백성【民】을 구제【濟】한다는 '경세제민(經世濟民)'의 줄임말이란다.

경세제민은 원래 유교 경전에 나오는 말인데, 서양의 이코노미를 우리말로 옮길 때 이 말이 가장 적합하다고 생각한 거지.
집을 잘 관리하면 가족들이 살기 편해져.
이와 마찬가지로 국가를 잘 관리하면 국민들이 살기 편해지겠지.
'경제'라는 낱말 속에는 '잘 관리해서 편하게 살자'라는 뜻이 담겨 있어.

빈칸에 알맞은 낱말을 〈보기〉에서 골라 써 보세요.

〈보기〉 관리, 경제, 경세제민

- ❶ (　　) 는 영어 이코노미를 번역한 것으로 ❷ (　　) 을 줄인 말이다.
- 원래 이코노미는 집을 잘 ❸ (　　) 한다는 뜻의 그리스 어에서 유래했다.

제2일차

경제에서 가장 중요하게 관리해야 할 게 있어. 바로 '자원'이야.
자원은 생산물을 만들어 내는 재료가 되기 때문이지.
농사를 지으려면 땅과 곡식의 씨앗과 물이 있어야 해.
고기와 우유를 만들어 내려면 가축이 먹고 자랄 싱싱한 풀밭이 있어야 하지.

재물 자 資 근원 원 源 **자원**

낱 재물【資】의 근원【源】이 되는 것. 재물이 되는 원천.
교 필요한 생산물의 재료가 되는 모든 원료.

하늘, 땅, 바다, 숲 같은 자연은 그 자체로 자원이란다.
자원에는 자연 같은 '천연자원'과 사람의 노동력 같은 '인적 자원'이 있어.

하늘 천 天 그러할 연 然 재물 자 資 근원 원 源 **천연자원**

낱 교 하늘【天】이 만든 그대로의【然】 자원(資源).

자연에서 얻어지는 자원이야. 동식물, 나무, 석유, 석탄 등이 천연자원에 해당한단다.

예 천연자원이 풍부한 나라.

사람 인 人 것 적 的 재물 자 資 근원 원 源 **인적 자원**

낱 교 인적(人的)인 자원(資源).

천연자원처럼 사람의 노동력도 생산물을 만드는 데 꼭 필요하다고 해서 자원이라고 해.

예 첨단 산업이 필요로 하는 우수한 인적 자원.

자원은 무한정 나오지 않아. 특히 천연자원은 그 양이 제한되어 있지.
사람들이 욕심대로 자원을 마구 써 버리면 자원은 점점 부족해질 거야.
자연은 사람의 욕심만큼 빨리 회복되어 필요한 자원을 공급해 줄 수 없거든.
사람의 욕구에 비해 자원은 항상 부족할 수밖에 없는 성질,
이것을 자원의 '희소성'이라고 해.

드물 희 稀 적을 소 少 성질 성 性 **희소성**

낱 드물고【稀】 적은【少】 성질【性】.
교 사람의 욕구에 비해 천연자원이 부족한 상태를 이르는 말.

빈칸에 알맞은 낱말을 <보기>에서 골라 써 보세요.

〈보기〉 자원, 희소성, 천연자원

- ❶ ______ 은 그것을 원하는 사람보다 항상 부족하다. 이러한 상태를 자원의 ❷ ______ 이라고 한다.
- 최근에는 ❸ ______ 을 효과적으로 이용하기 위해 세계 각국이 협력하고 있다.

한자의 뜻과 유래에 대한 설명을 읽고, 한자를 익혀 보세요.

資

4급

재물 자

총 13획 | 부수 貝, 6획

어떤 회사의 사장이 아주 기발한 아이디어를 가진 사람을 만났어.
서로 얘기를 하다 보니 그 아이디어로 사업을 벌이면 돈을 많이 벌 것 같았지.
그런데 사장에게는 투자할 돈이 없었어.
"아, 안타깝다. 아이디어를 가진 사람은 있는데 사람 다음【次】으로 중요한 돈【貝】이 없으니 새로운 사업을 시작조차 할 수 없구나."

재물 자(資)를 품격이나 신분의 뜻으로 확장해서 쓰기도 한단다.
학교 선생님이 되려면 그에 합당한 '자격'을 갖추어야 해.
필요한 공부를 충분히 해야 하고 국가에서 치르는 자격시험을
통과해야 하지. 그래야만 교사 자격증을 받을 수 있단다.

- 낱: 필요한 자질【資】과 품격【格】.
- 교: 일정한 신분이나 지위에 필요한 조건.
- 예: 의사가 되려면 자격증이 있어야 한다.

'한자 암기카드'를 보고 빈칸에 들어갈 말을 써 보세요.

사람 ❶ ( ) 【次】으로 중요한 것은 ❷ ( ) 【貝】이니, 재물 자(資).

資의 뜻은 재 물 이고, 음은 ❸ ( ) 입니다.

資의 어원을 생각하면서 필순에 따라 써 보세요.

資 資 資 資 資 資 資 資 資 資 資 資 資

資	資	資	資	資			

1 돌담 안에 든 낱말 가운데 ❶~❸의 뜻에 맞는 낱말을 찾아 ◯로 묶고, 빈칸에 낱말을 쓰세요.

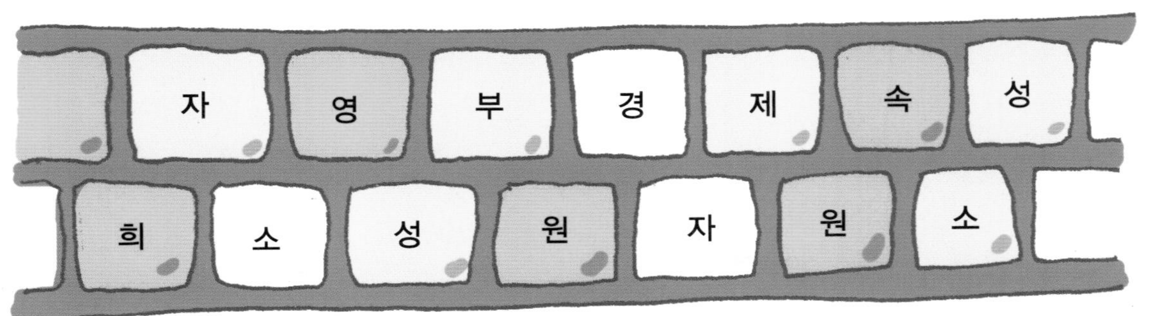

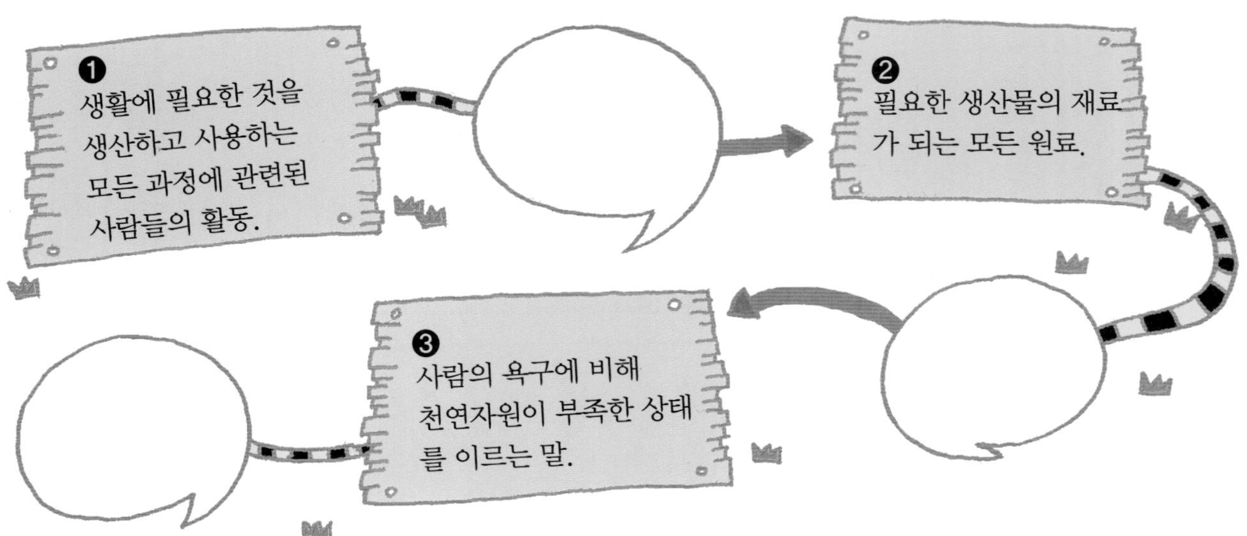

2 〈보기〉의 한자를 완성하려면 어떤 글자 조각이 필요한지 ❶~❹에서 고르세요.

〈보기〉 사람 다음으로 중요한 것은 재물이니, 재물 자.

올곧다

올곧게 떡 먹기

우리의 좌우명을 말해 보자!

'올곧다'는 실의 가닥을 이루는 '올'이 곧아서 천이 뒤틀리지 않고 바르게 짜인다는 데서 나온 말이에요.

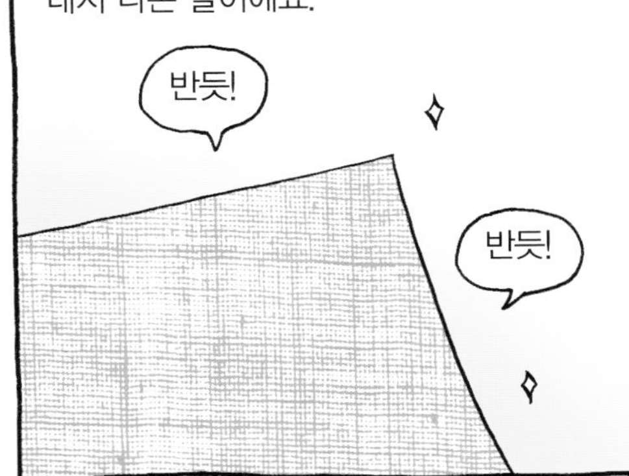

올곧다

성품이 강직한 것.
즉 마음이나
정신 상태가
바르고 곧은 것.

◑ 글 속의 주황색 낱말들은 무슨 뜻일까요? 잘 생각하면서 다음 글을 읽어 보세요.

"엄마, 용돈을 1000원만 인상해 주세요. 쓸 곳은 많아지는데 용돈이 너무 적어요."
"우리 집 수입을 생각하면 네 용돈은 지금이 적당한 거 같은데
여기저기 지출할 곳도 많은데, 그냥 지금처럼 받으면 안 될까?"
'어이구, 구두쇠 우리 엄마, 용돈만 올려 달라고 하면 만날 저 소리야.'
승원이는 소득을 늘리기 위해 부업을 하기로 했습니다.
엄마와 아빠가 함께 운영하시는 야채 · 과일 가게에서 진열대의 먼지를 털고
청소를 할 때마다 1000원씩 받기로 한 것입니다.
방과 후에 매일 가게에 가서 일을 했더니 일주일도 안 되어 5000원이 모였습니다.
힘들게 일해서 번 돈이라 생각하니 군것질이나 게임으로 소비하기에는 아깝다는 생각이 들었습니다.
'이렇게 일하면 일주일이면 5000원, 한 달이면 2만 원,
1년이면 24만 원을 모을 수 있네! 와, 신난다!'
승원이는 당장 큰 부자가 된 것 같았습니다.

◑ **빈칸에 알맞은 낱말을 왼쪽 글의 주황색 낱말 중에서 찾아 써 보세요. 잘 모를 땐 💡를 보거나, ❶~❸에서 골라 쓰세요.**

1 물가가 인 상 되는 것만큼 아빠의 월급도 올랐으면 좋겠습니다.

💡 값을 올리는 것을 뜻해요. 반대로 값을 내리는 것은 '인하한다'라고 해요.

❶ 인상 ❷ 관상 ❸ 비상

2 용돈 기입장을 쓰면 내가 쓴 돈의 ______ 내용을 잘 알 수 있어요.

💡 어떤 목적을 위해 돈을 지급해서 돈이 나가는 일이에요.

❶ 지출 ❷ 지도 ❸ 지방

3 엄마 아빠는 가정을, 대통령은 나라를 ______ 합니다.

💡 조직이나 사업체, 공동체를 잘 관리하는 일을 말합니다.

❶ 운명 ❷ 운전 ❸ 운영

4 겨우내 싸리로 바구니 만드는 ______ 을 해서 수입을 짭짤하게 올렸어요.

💡 본래 직업 외에 돈을 더 벌기 위해 하는 일을 말해요.

❶ 부엌 ❷ 부업 ❸ 부인

5 ______ 란 생활을 하기 위해 돈을 쓰는 것을 뜻합니다.

💡 '생산'과 대비되는 말이에요.

❶ 회비 ❷ 소비 ❸ 굴비

6 1년 동안 장사를 잘해서 ______ 을 엄청나게 올렸다고 해요.

💡 회사에서 일하여 월급을 받거나, 공장이나 가게를 운영해서 버는 돈을 말해요.

❶ 소득 ❷ 소문 ❸ 소설

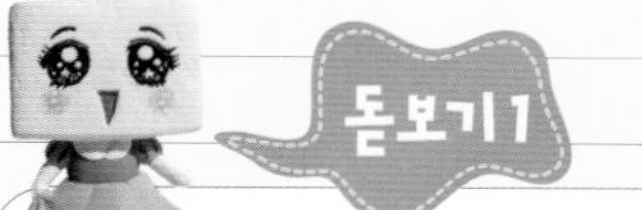

승원이는 소득을 늘리기 위해 부업을 하기로 했습니다

'소득'은 어떤 일을 한 대가로 얻는【得】 것【所】을 말해. 일을 해서 받는 보수, 돈을 은행 등에 맡기고 받는 이자, 건물이나 물건을 다른 사람에게 빌려 주고 받는 임대료 등 소득의 형태는 다양하지. 설거지나 청소를 하여 집안일을 돕고, 그에 대한 대가로 용돈을 받았다면 소득을 얻게 된 거야.

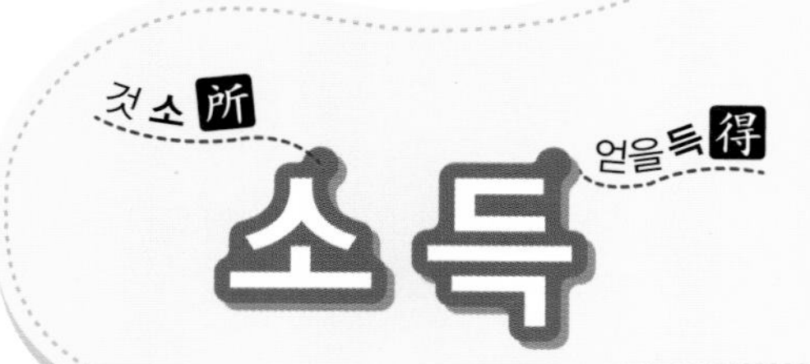

낱 어떤 일의 결과로 얻는【得】 것【所】.

교 임금, 이윤, 이자, 임대료 등 경제 활동에서 어떤 일의 대가로 얻는 돈.

예 아빠의 소득은 매달 받는 월급이고, 엄마의 소득은 가게를 잘 운영해서 버는 돈이다.

사람들은 다음과 같은 여러 가지 방법으로 소득을 얻는단다.

임금 (품삯 임 賃, 돈 금 金)

낱 교 일한 품삯【賃】으로 받는 돈【金】.

소득을 얻는 가장 흔한 방법은 회사의 직원으로 일을 하고 그 대가로 월급을 받는 거야. 월급과 같은 소득을 '임금'이라고 해.

예 월급, 급여, 봉급, 연봉, 노임 등은 모두 임금의 형태이다.

낱 교 장사 따위를 하여 얻은 이득【利潤】.

회사나 가게를 운영해서 얻는 소득을 '이윤'이라고 해.

예 엄마는 가게 운영을 잘해서 많은 이윤을 남겼다.

교 돈을 빌려 준 대가로 받는 이득【利】.

은행에 돈을 맡긴 대가로 얻는 소득을 '이자'라고 해. 은행 이자가 많다, 혹은 적다라고 표현하지.

예 이자를 많이 주는 은행에 돈을 맡기려고 한다.

빈칸에 알맞은 낱말을 〈보기〉에서 골라 써 보세요.

〈보기〉 임금, 이윤, 이자

- 노임, 월급, 연봉 등 ❶ ______ 의 종류는 다양하다.
- 은행처럼 개인도 다른 사람에게 돈을 빌려 주고 ❷ ______ 를 받아 소득을 높일 수 있다.
- 직접 가게나 회사를 운영해서 얻는 ❸ ______ 도 소득의 한 형태이다.

제3일차

엄마와 아빠는 장보기, 관리비, 세금, 수도 · 전기 요금, 교육비, 병원비, 교통비 등등 생활을 유지하기 위해 매일매일 돈을 쓰면서 살고 계셔. 이렇게 생활을 하기 위해 돈을 쓰는 것을 '소비'라고 해.

낱 (돈이나 물건, 시간, 노력 따위를) 써서【費】 없앰【消】.

교 경제 활동에서 생활을 위해 필요한 물건과 서비스를 사서 쓰는 것.

예 경제가 어려워지자 소비도 위축되었다.

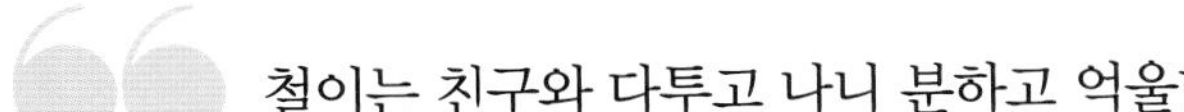

소비에 쓰인 '소(消)'는 원래 '사라지는 것'이라는 뜻이지.
'소(消)'가 쓰인 다른 낱말들을 문장 속에서 살펴보자.

> 철이는 친구와 다투고 나니 분하고 억울했다.
> 그런데 아빠는 "사소한 일에 시간과 노력을 소모하지 마라."라고 말씀하셨다.
> 철이는 자기 마음을 몰라주는 아빠가 원망스러웠다.
> 아빠가 다시 말씀하셨다. "네가 그 일로 기력이 소진될까 걱정되는구나."
> 철이는 자신을 염려하는 아빠의 마음을 느낄 수 있었다.

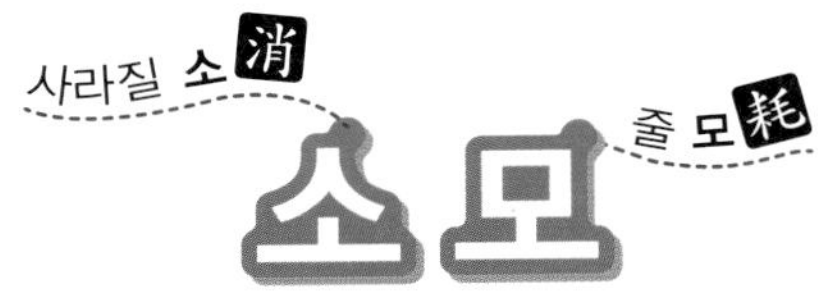

낱 교 써서 사라지거나【消】 줄어듦【耗】.

써서 없어지는 거야. 연필, 지우개처럼 쓰는 대로 줄어들어 없어지는 물건을 '소모품'이라고 해.

예 이 전쟁은 끝나지 않고 지루하게 계속되어 양쪽의 힘을 다 써 버리는 소모전이 되었다.

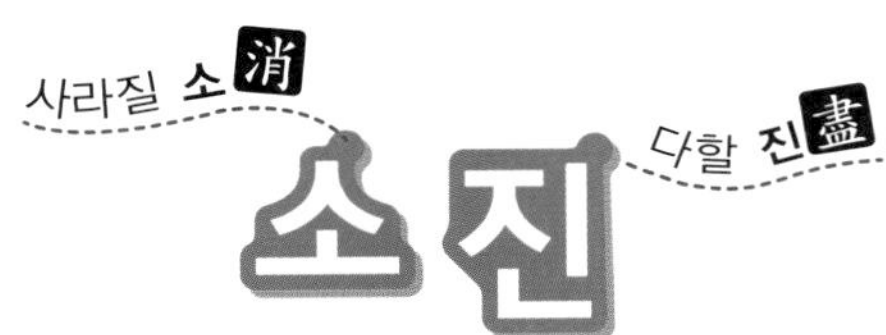

낱 교 다【盡】 써서 사라짐【消】.

소모보다는 뜻이 더 강하고, 주로 사람의 힘을 써 버리는 경우에 '소진'이라고 써.

예 기력이 소진되다.

빈칸에 알맞은 낱말을 〈보기〉에서 골라 써 보세요.

〈보기〉 소비, 소모

- 경제 활동 중 생활에 필요한 물건과 서비스를 사서 쓰는 것을 ❶ ______ 라고 한다.
- 어떤 일에 시간과 노력을 다 써 버리는 것이 ❷ ______ 이다.

한자의 뜻과 유래에 대한 설명을 읽고, 한자를 익혀 보세요.

所

7급

것, 장소 소

총 8획 | 부수 户, 4획

'~하는 것'을 뜻하는 '소(所)'는 집을 뜻하는 호(户)와 도끼를 뜻하는 근(斤)이 들어 있어. 지금은 가스나 석유를 사용하지만 옛날에는 땔나무로 음식을 만들고 집을 따뜻하게 했단다. 도끼는 땔나무를 만드는 소중한 도구였기 때문에 집 안의 일정한 장소에 잘 보관했을 거야.

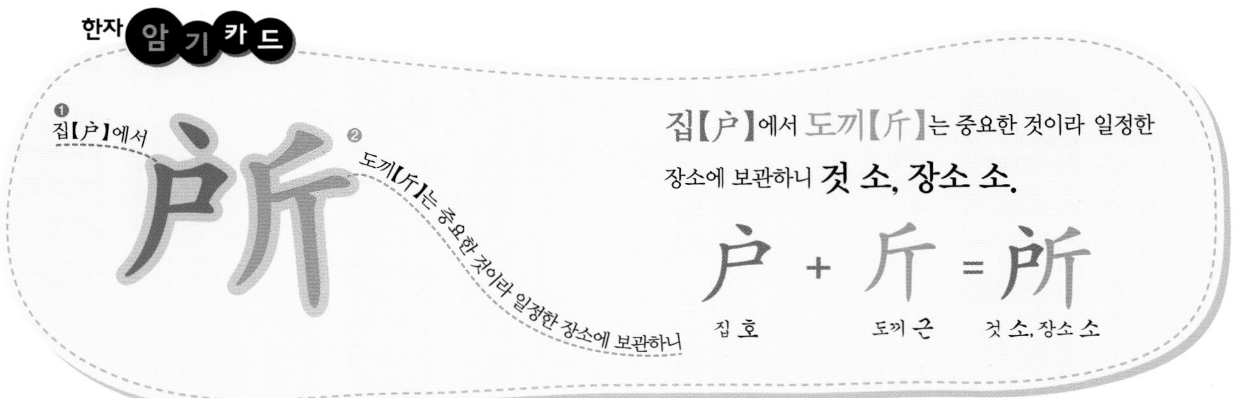

것 소

감추어【藏】 간직한 것【所】.
예 소장품 중 가장 귀한 것은 모형 비행기이다.

장소 소

살고【住】 있는 장소【所】.
예 우리 집 주소를 알려 주어라.

'한자 암기카드'를 보고 빈칸에 들어갈 말을 써 보세요.

❶ ( )【户】에서 ❷ ( )【斤】는 중요한 것이라 일정한 장소에 보관하니, 것 소, 장소 소(所).

所의 뜻은 것, 장소이고, 음은 ❸ ( ) 입니다.

所의 어원을 생각하면서 필순에 따라 써 보세요.

所 所 所 所 所 所 所 所							
所	所	所	所	所			

1 〈보기〉의 ❶~❹에 해당하는 낱말을 따라 길에 줄을 그으세요.

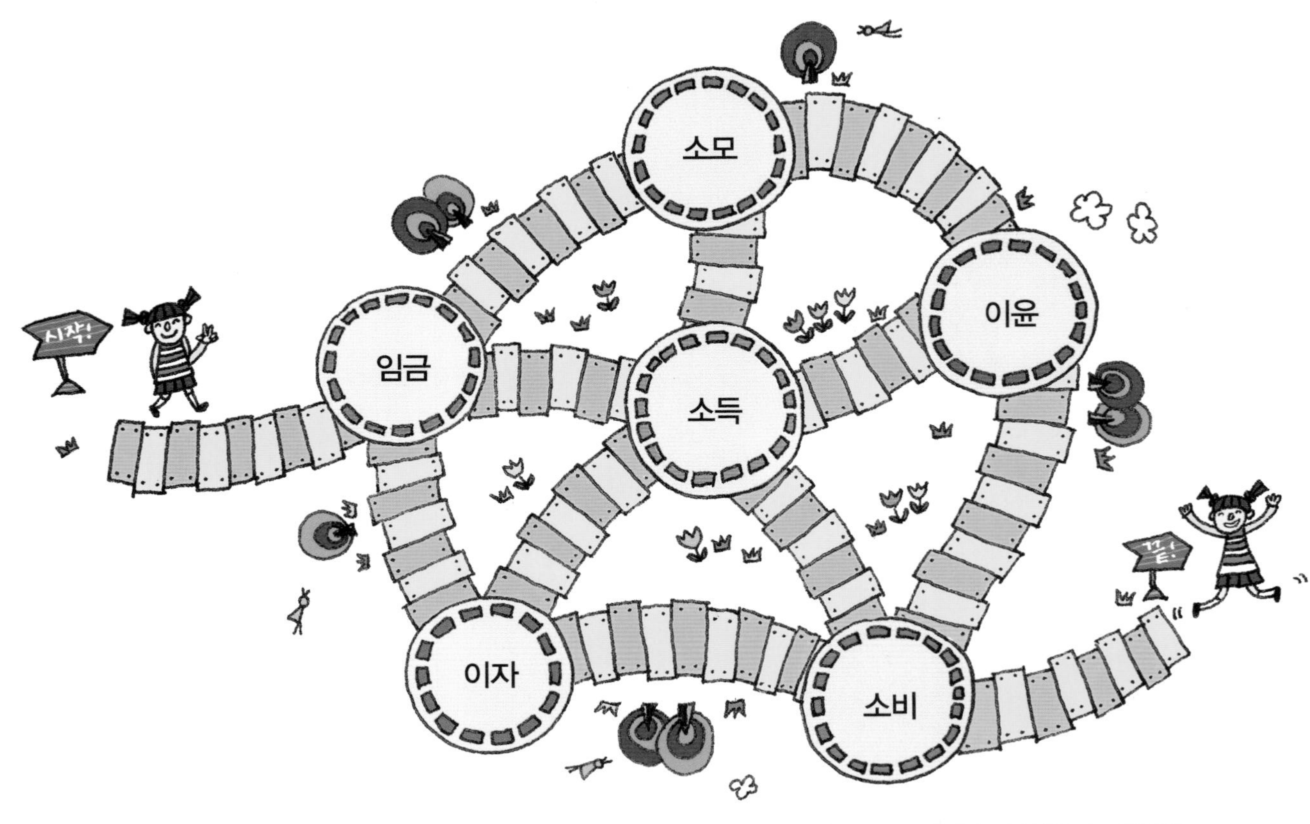

〈보기〉 ❶ 일한 품삯으로 받는 돈.
❷ 써서 사라지거나 줄어듦.
❸ 경제 활동에서 어떤 일의 대가로 얻는 것.
❹ 생활을 위해 필요한 물건과 서비스를 사서 쓰는 것.

❶은 길이 시작하는 지점에, ❹는 길이 끝나는 지점에 있어요.

2 주어진 문장 속에서 '소(所)'의 두 가지 뜻을 찾아 ◯표 하고, 빈칸에 두 가지 뜻을 쓰세요.

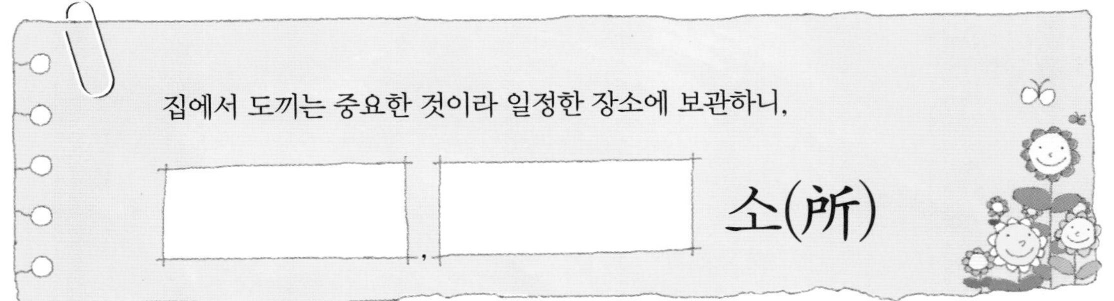

돋보기 2 우리 집 수입을 생각하면 네 용돈은 지금이 적당한 거 같은데?

"한 달 수입이 얼마나 됩니까?", "평균 수입은 어떤 직업이 가장 많은가요?"
여기서 수입은 '벌어들인 돈'을 뜻해. 돈을 벌려면 일을 해야 하지.
어떤 일이든 일을 해서 벌어들인 돈이 있다면 그것을 '수입'이라고 해.

날 거두어【收】들인【入】 돈이나 물건.

교 개인이나 국가, 기업이 돈이나 물건 따위를 벌어들이거나 거두어들이는 일.

예 비록 쥐꼬리만 한 수입이지만 이모는 수입의 반을 저축하고 있다.

수입 차, 수입 화장품, 수입 의류, 수입 농산물 등등에도 '수입'이란 말이 쓰이지?
여기서 쓰인 '수입'은 외국에서 들여온 것이라는 뜻의 '수입(輸入)'을 말해.

날 교 외국에서 물건을 날라【輸】 들여【入】 옴.

예 2004년도 통계에 의하면 우리나라의 가장 큰 수입 상대국은 일본이다.

'수입'은 다른 나라에서 물건을 사들여 오는 것이야.
물건을 들여오려면 배나 비행기에 싣고 날라야 하지.

나를 수 輸 날 출 出

수출

날 교 외국으로 물건을 실어서【輸】 보냄【出】.

예 우리나라는 수입은 일본에서 많이 하고 수출은 중국으로 가장 많이 한다.

수입의 반대말이 '수출'이야. 외국에 물건을 팔려면 수입할 때와 마찬가지로 배나 비행기에 실어 날라야 해.
나라 바깥으로 내보내는 것이라서 '출(出)'을 쓴 거야.

쏙쏙 문제

빈칸에 알맞은 낱말의 번호를 〈보기〉에서 골라 써 보세요.

〈보기〉 1 수입(收入), 2 수입(輸入)

- 국가의 주요 ① (　) 은 국민들이 내는 세금이다. 돈을 버는 국민은 벌어들이는 평균 ② (　) 에 따라 일정액을 국가에 세금으로 내야 한다.
- 중국이 일본 다음으로 큰 ③ (　) 상대 국가로 떠오른 것은 중국의 값싼 농수산물이 많이 들어오기 때문이다.

가계부를 쓰면 들어오는 돈과 나가는 돈을 한눈에 알 수 있단다.
가계부를 쓸 때 특히 지출에 대해 빠짐없이 적는 것이 중요해.
'지출'은 돈을 쓰는 일이야.
어디에 돈을 썼는지 잘 기록해 놓으면 돈을 절약할 수 있어.
이렇게 돈을 쓰는 곳을 구분해 놓은 것이 지출 항목이야.

낱 교 어떤 목적을 위해 돈을 지급【支】해서 돈이 나가는【出】 일.

예 이 달은 지출이 너무 많다.

제 4 일차

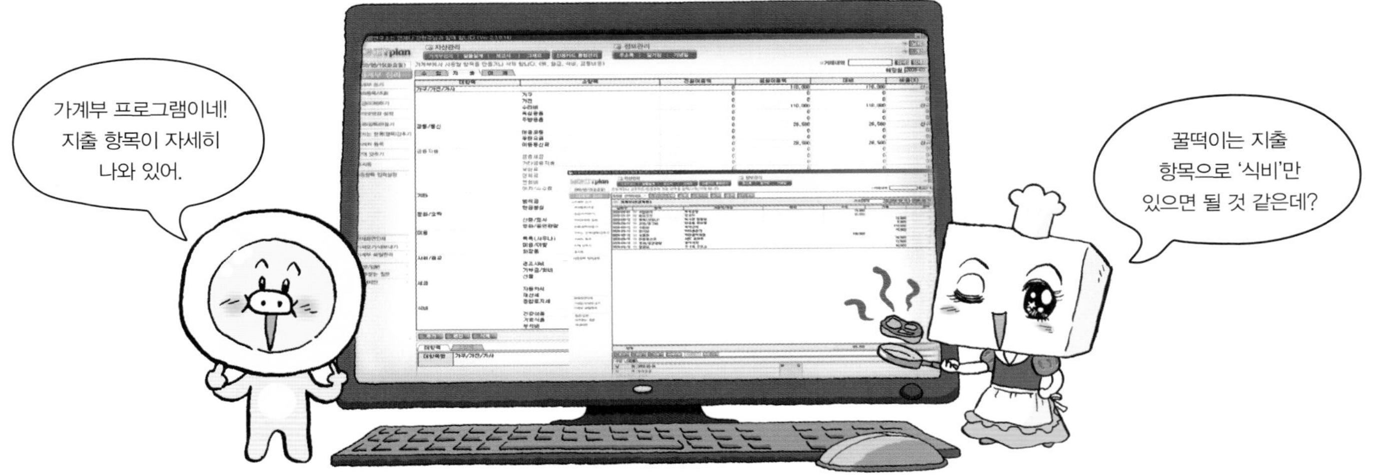

'지(支)'가 들어간 다른 낱말들을 알아보자.

낱 교 본점에서 갈라진【支】 가게【店】.

본점과 관련이 있지만 다른 지역으로 갈라져 나온 가게야.

예 이곳은 ○○은행의 서울 지점이다.

낱 교 돈을 내어 주는【支給】 것.

주어야 할 돈이나 물건을 갖고 있다가 내어 주는 것이야.

예 우리 회사는 매달 25일에 월급을 지급한다.

낱 교 돈을 주어【支】 값을 치르는【拂】 것.

돈으로 값을 치르는 일이야. 책이나 음료수 값은 지불하는 거야.

예 책값을 내 용돈으로 지불했다.

빈칸에 알맞은 낱말을 〈보기〉에서 골라 써 보세요.

〈보기〉 지불, 지출, 지급

- 엄마가 ❶ ______ 한 용돈을 잘 관리하기 위해 용돈 기입장을 적기 시작했다.
- 가계부처럼 용돈 기입장은 수입과 ❷ ______ 을 한눈에 볼 수 있다.
- 엄마에게 부담을 드리지 않으려고 몇 주 동안 용돈을 모아 꽤 비싼 과학 잡지 값을 내 돈으로 ❸ ______ 했다.

한자의 뜻과 유래에 대한 설명을 읽고, 한자를 익혀 보세요.

收

준4급

거둘 수

총 6획 | 부수 攵, 2획

조선 시대 화가 김홍도의 〈타작도〉라는 그림을 보렴.
'타작'이란 벼 이삭을 내려쳐서 낟알을 떼어 떨어뜨리는 것을 말해.
떨어진 낟알의 껍질을 벗기면 쌀이 되는 거란다.
낟알이 다닥다닥 매달려 있는 모습이 이리저리 얽힌【丩】 것처럼 보였나 봐.
얽힌【丩】 이삭을 땅바닥에 쳐서【攵】 낟알만 떨어뜨리는 모습, 이것이 거둘 수(收)란다.

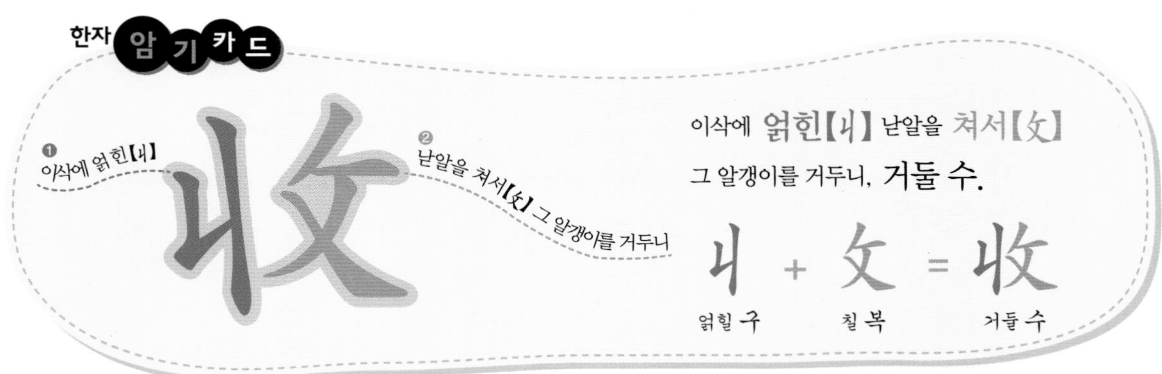

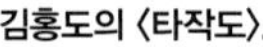
김홍도의 〈타작도〉.

벼 이삭.

'한자 암기카드'를 보고 빈칸에 들어갈 말을 써 보세요.

이삭에 ① ◯◯【丩】 낟알을 ② ◯◯【攵】 그 알갱이를 거두니, 거둘 수(收).

收의 뜻은 거 두 다 이고, 음은 ③ ◯ 입니다.

收의 어원을 생각하면서 필순에 따라 써 보세요.

收 收 收 收 收 收

收	收	收	收	收			

1 ❶~❹의 뜻을 가진 낱말이 되도록 거미 등의 빈칸에 알맞은 글자를 쓰세요.

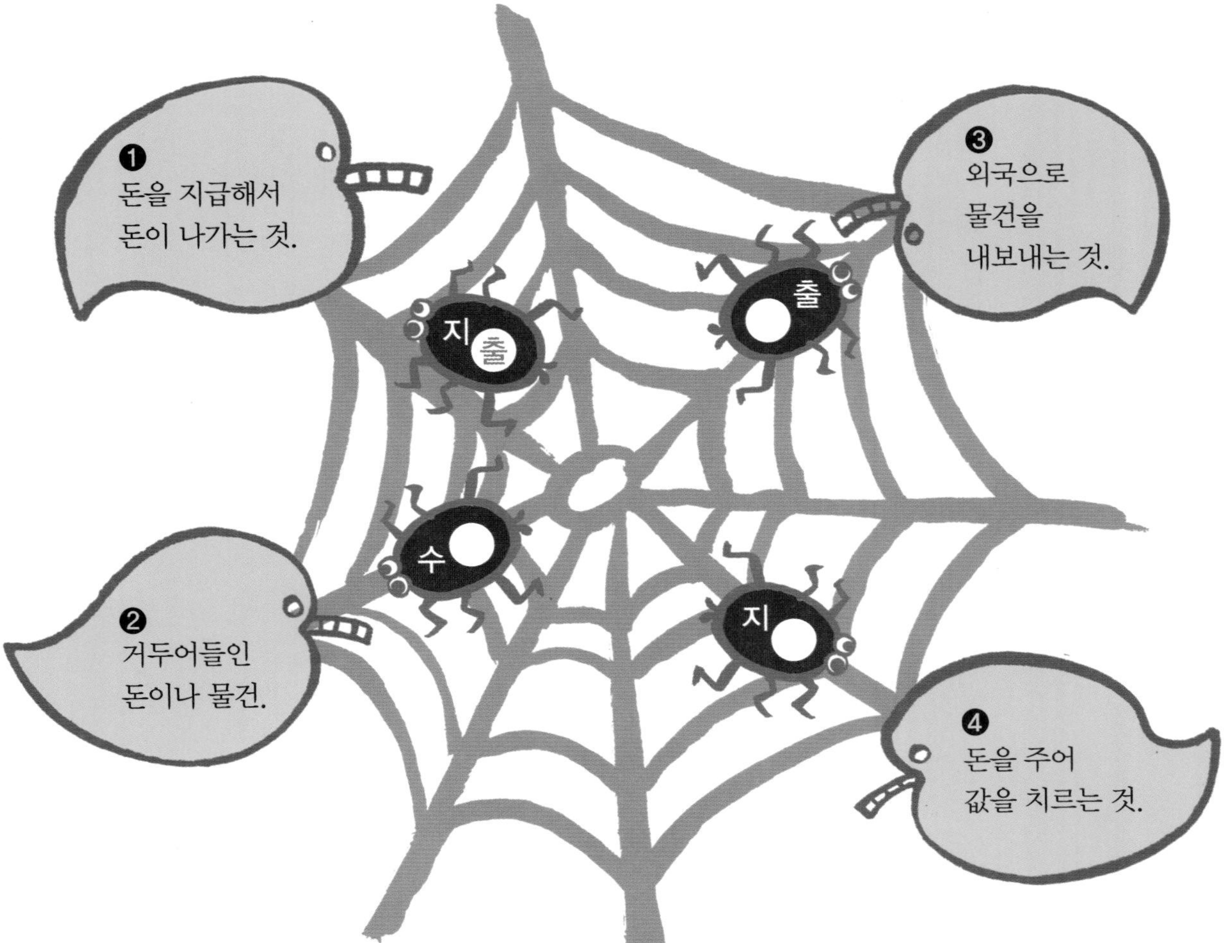

❶ 돈을 지급해서 돈이 나가는 것.

❷ 거두어들인 돈이나 물건.

❸ 외국으로 물건을 내보내는 것.

❹ 돈을 주어 값을 치르는 것.

지 (출)

( ) 출

수 ( )

지 ( )

2 왼쪽에 음뜻이 주어진 한자를 오른쪽 빈칸에 쓰세요.

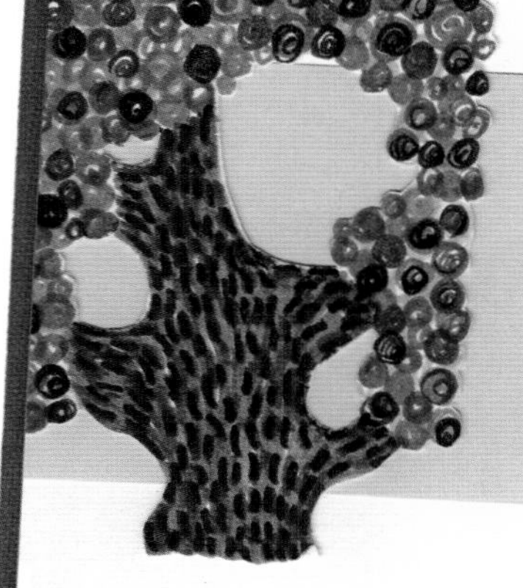

깡딱지를 읽고 나서

글 강무홍 그림 이광익

'병뚜껑을 철길에'라고 써야 한단다.

깡딱지가 무엇인지 궁금했는데, 병마개를 철기레 놓고 나서 기차가 지나가면 납작하게 눌리는데 그걸 종이딱지 대신 사용하는 거였다. 깡딱지에 햇빛이 비치면 마치 금가루를 무친 것처럼 반짝인다. 그런데 아무리 멋있다고 해도 철길에서 노는 건 위험할 것 같다.

'묻힌'이라고 쓴단다.

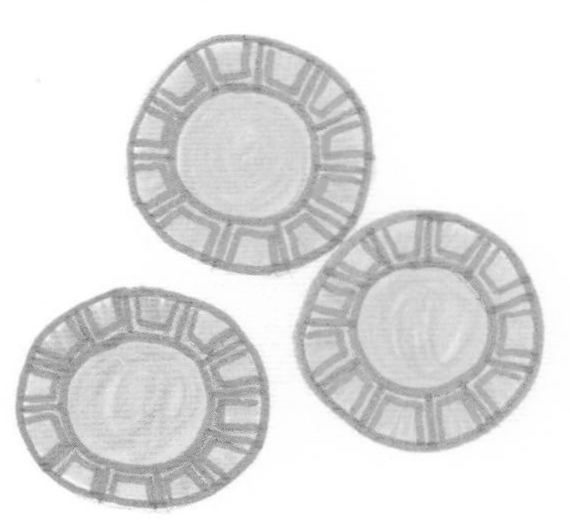

*이 글은 초등학교 4학년 어린이가 쓴 독서 감상문입니다.

금가루는 '묻히고', 나물은 '무치고'

금가루는 '무치다'가 아니라 '묻히다'로 써야 한단다.
'묻히다'는 손이나 옷에 가루가 묻게 하는 것이야.
소리가 묻혀서 들리지 않을 때도 '묻히다'를 쓰지.
'무치다'는 나물을 무칠 때, 고기 양념을 버무릴 때 쓴단다.

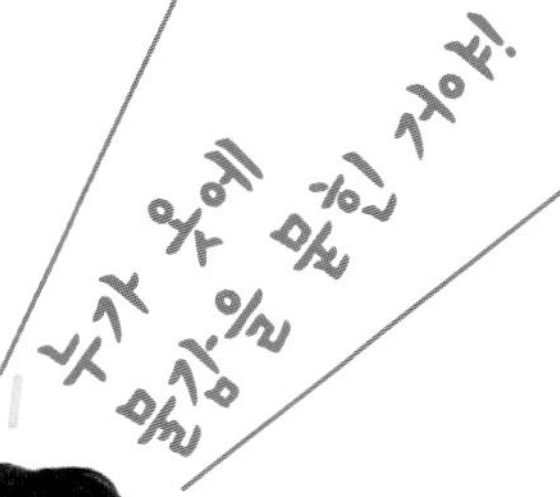

묻히다

- 손이나 옷에 가루나 액체 등이 묻게 하다.
  - 예 콩가루를 묻힌 인절미가 먹음직스럽다.

무치다

- 나물이나 고기로 음식을 할 때 갖은 양념을 넣고 골고루 한데 뒤섞다.
  - 예 산나물을 맛있게 무치다.

1 낱말 뜻이 올바른 칸을 모두 색칠해 보고, 나온 모양을 ❶~❹에서 고르세요.

어떤 목적을 위해 돈을 지급해서 돈이 나가는 것을 지출이라 한다.	돈이나 물건 따위를 벌어들이거나 거두어 들이는 일을 수입이라 한다.	생활을 위해 필요한 물건과 서비스를 사서 쓰는 것을 소비라 한다.
쓰는 대로 줄어들어 없어지는 물건을 소모품이라고 한다.	회사나 가게를 운영해서 얻는 소득을 임금이라 한다.	생활에 필요한 물건을 만들어 내는 일을 자원이라 한다.
은행에 돈을 맡긴 대가로 얻는 소득을 이자라 한다.	드물고 적은 성질을 희소성이라고 한다.	어떤 지역에서만 특별히 나는 물건은 특산물이다.

❶ ㅁ　❷ ㄱ　❸ ㄷ　❹ ㄴ

2 왼쪽에 음뜻이 주어진 한자를 오른쪽 빈칸에 쓰세요.

3 **빨간 별의 '소'와 빈칸의 글자가 합쳐지면 두 글자의 낱말이 완성됩니다. ❶~❸의 뜻에 맞는 낱말이 되도록 빈칸에 글자를 쓰세요.**

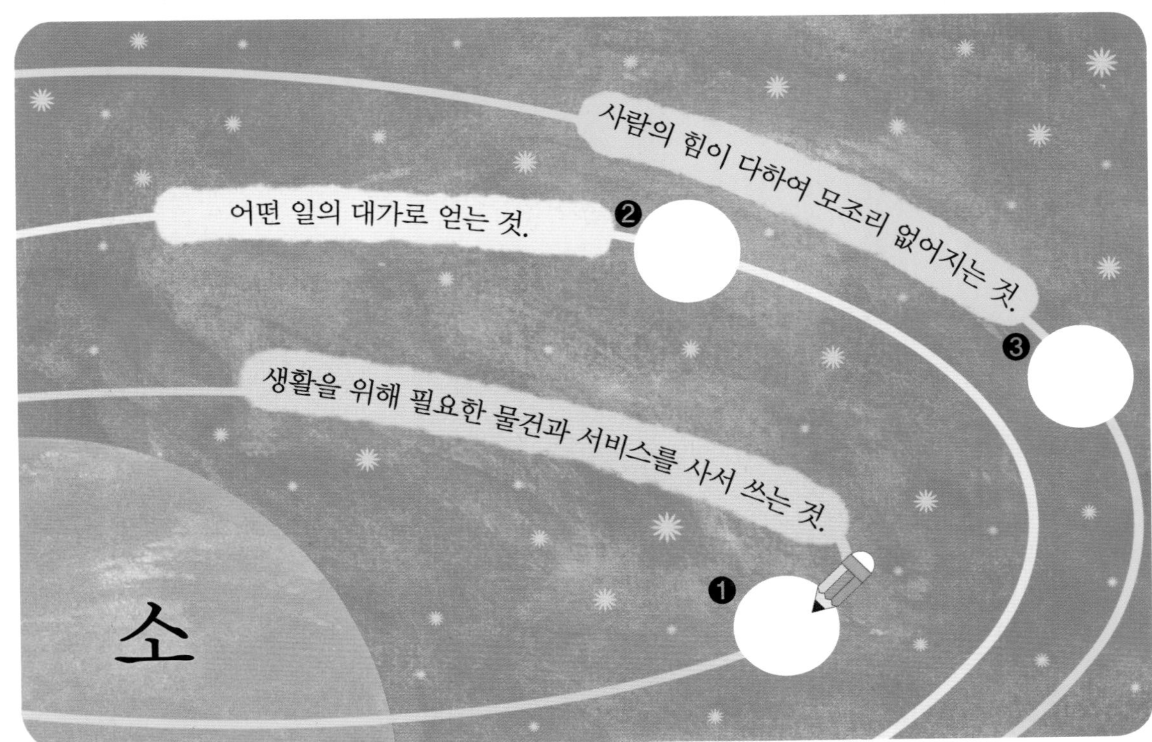

빈칸에 들어갈 글자는 진, 득, 비 가운데 하나입니다.

4 **〈보기〉에서 설명하는 한자를 빈칸에 각각 쓰세요.**

〈보기〉 ❶ 집에서 도끼는 중요한 것이라 일정한 장소에 보관하니, 것 소, 장소 소.
❷ 이삭에 얽힌 낟알을 쳐서 그 알갱이를 거두니, 거둘 수.

❶

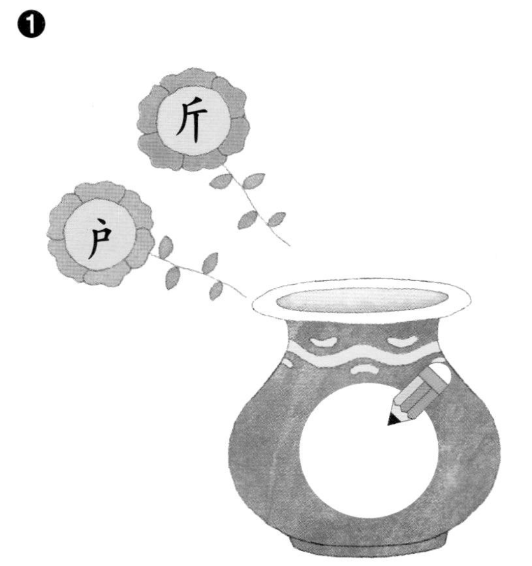

❷

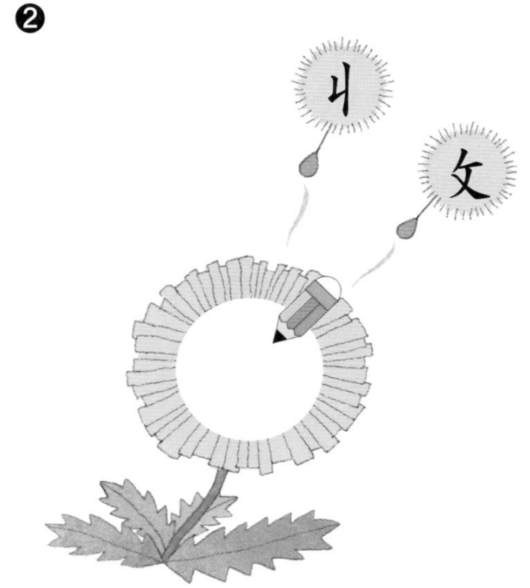

바깥쪽에 있는 글자들을 합치면 한자의 모양을 알 수 있어요.

평가 문제

1 ~ 4 다음 글을 읽고 물음에 답하세요.

민지는 지역 신문에서, ㉠**나주 배**가 맛이 좋아 여러 나라에 ㉡(**수출**, **수입**)되고 있다는 기사를 읽었다. 우리 시 · 도에서 ㉢**생산**되는 농수산물과 공산품들은 다른 나라로 수출되기도 한다. 수출품들은 우리 시 · 도의 경제에 도움을 주고, 우리 시 · 도를 다른 나라에 알리는 역할을 하기도 한다.

1. ㉠과 같이, '어느 지역에서 특별히 많이 나는 물건'이란 뜻을 가진 낱말을 세 글자로 쓰세요.

(　　　　　　　　　　)

2. ㉡에 알맞은 낱말은 무엇인지 (　) 안의 두 낱말 중에서 골라 쓰세요.

(　　　　　　　　　　)

3. ㉢과 반대되는 뜻의 낱말을 고르세요.

① 소득　② 수출　③ 소비
④ 구입　⑤ 경제

4. 〈보기〉의 뜻을 가진 낱말을 위 글에서 찾아 두 글자로 쓰세요.

〈보기〉 생활에 필요한 것을 생산하고 나누고 사용하는 모든 과정에 관련된 사람들의 활동.

(　　　　　　　　　　)

5. 빈칸에 들어갈 낱말을 고르세요.

석유의 양은 한정되어 있으므로, 모두가 원하는 만큼 석유를 가질 수는 없습니다. 이처럼 사람의 욕구에 비해 천연자원이 부족한 상태를 (　　　　)이라고 합니다.

① 탄력성　② 희소성　③ 안전성
④ 동시성　⑤ 가능성

제 5 일차

6 ~ 7 다음은 우리 학교 친구들의 부모님 직업을 조사한 그래프입니다. 잘 보고 물음에 답하세요.

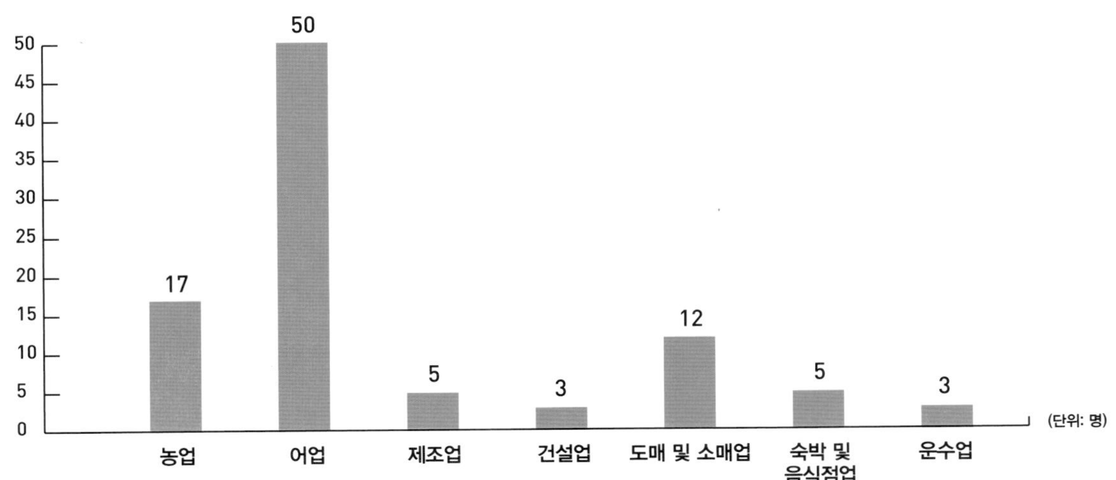

6 이 고장에서 가장 발달한 산업은 무엇인지 쓰세요.

(　　　　　　　　　　　)

7 위 그래프로 보아, 이 고장의 주요 자원은 무엇인지 쓰세요.

(　　　　　　　　　　　)

8 ~ 10 빈칸에 들어갈 낱말을 〈보기〉에서 골라 쓰세요.

〈보기〉 임금, 지출, 이자

8. 엄마 아빠는 회사에 출근해서 일을 하고 매달 (　　　　　)을 받는다.

9. 수입이 줄어들면 (　　　　　)을 최대한 줄여 살림을 꾸려 나가야 한다.

10. 이 정기 예금은 매년 5%의 (　　　　　)를 받을 수 있다.

1kg과 1000g 중 어느 것이 더 무거울까?

1킬로그램과 1000그램 중 어느 것이 더 무거울까?
그램은 무게를 재는 단위로 줄여서 'g'로 써.
그러면 그램 앞에 붙어 있는 킬로는 뭘까?
눈치 빠른 친구는 이미 짐작했겠지?
그래, 맞아. 여기서 킬로는 1000이라는 뜻이야.
그러니까 1킬로그램kilogram은 1000그램이 되는 거지.

kilo 1000 + **gram** 그램 → **kilogram** 킬로그램

자, 그럼 문제를 풀어 볼래?
1킬로미터와 1000미터 중 어느 것이 더 멀까?
답은 1킬로미터 = 1000미터, '서로 같다'야.
여기서 미터는 길이를 재는 단위로 'm'으로 표시하고
킬로[kilo]는 '1000'을 나타내니까 1킬로미터는 1000미터가 되는 거지.
이렇게 킬로[kilo]를 줄인 'k'는 어떤 단위 앞에 붙어서 '1000'이라는 뜻을 더해 주는 거야.
한번 살펴볼까?

1kHz = 1000Hz

킬로가 헤르츠(Hz)라는 단위 앞에 붙었으니까 '킬로헤르츠= 1000Hz' 지.
여기서 'Hz'는 라디오 주파수의 단위로 헤르츠[Herz]를 줄인 말이야.
라디오에서 방송국의 주파수를 알려 줄 때 사용해.

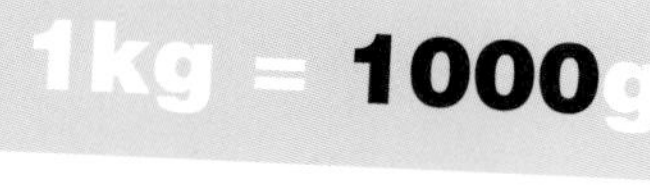

1킬로그램은 1000그램이야.
몸무게를 물어볼 때에는 보통 몇 킬로그램이냐고 묻지.

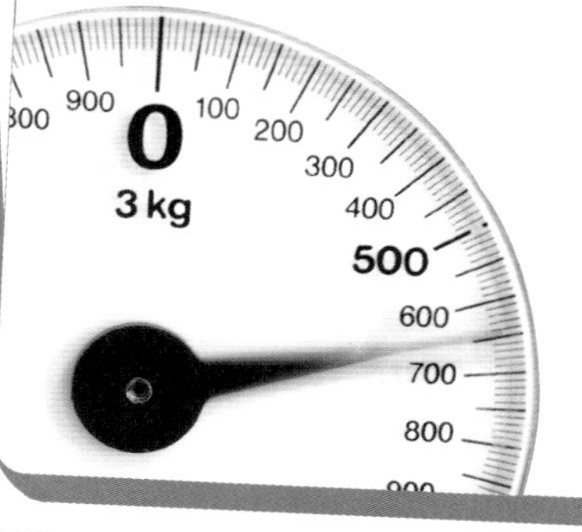

1km = 1000m

길이를 나타내는 단위인 미터에 1000을 나타내는 킬로가 붙었으니까 1000미터가 되는 거야.
도로 표지판에서 자주 볼 수 있단다.

1kB = 1000B

킬로바이트는 1000을 나타내는 '킬로'와 정보의 단위인 '바이트[byte]'가 합해진 거야. 정보 처리나 저장, 전송의 단위인데 컴퓨터 용량을 말할 때에도 쓰이지.

콕콕 정답

제1일차

05쪽 1. 전단 2. 특산물 3. 상품
4. 판매 5. 경제 6. 생산
06쪽 ❶ 생산 ❷ 특산물
07쪽 ❶ 산업 ❷ 수산업 ❸ 첨단 산업
08쪽 ❶ 선비 ❷ 낳으니 ❸ 산

09쪽

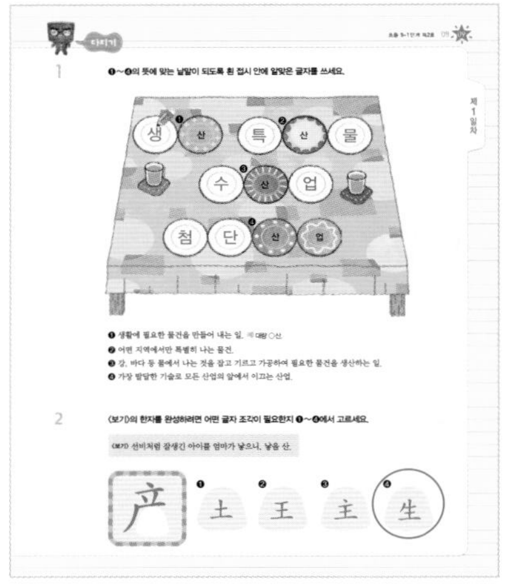

제2일차

10쪽 ❶ 경제 ❷ 경세제민 ❸ 관리
11쪽 ❶ 자원 ❷ 희소성 ❸ 천연자원
12쪽 ❶ 다음 ❷ 재물 ❸ 자

13쪽

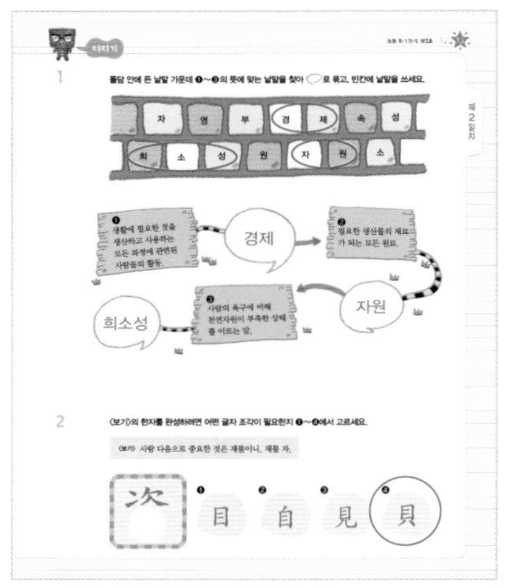

제3일차

17쪽 1. 인상 2. 지출 3. 운영
4. 부업 5. 소비 6. 소득
18쪽 ❶ 임금 ❷ 이자 ❸ 이윤
19쪽 ❶ 소비 ❷ 소모
20쪽 ❶ 집 ❷ 도끼 ❸ 소

21쪽

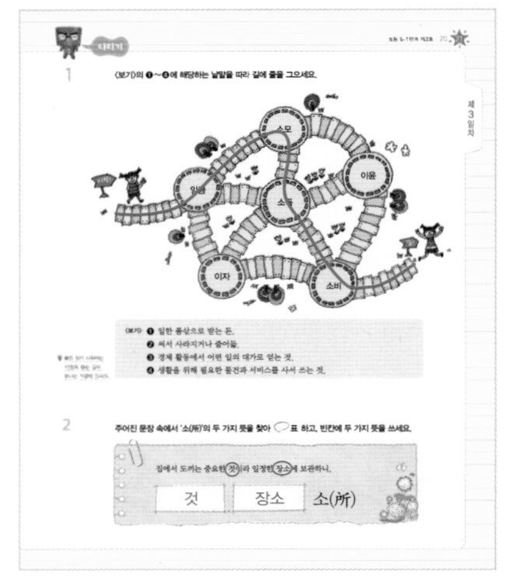

제4일차

22쪽 ❶ 1 ❷ 1 ❸ 2
23쪽 ❶ 지급 ❷ 지출 ❸ 지불
24쪽 ❶ 얽힌 ❷ 쳐서 ❸ 수

25쪽

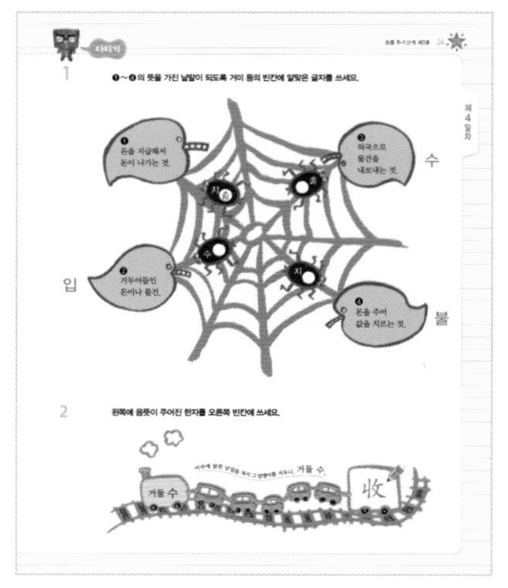

제5일차

도전! 어휘왕
28-29쪽

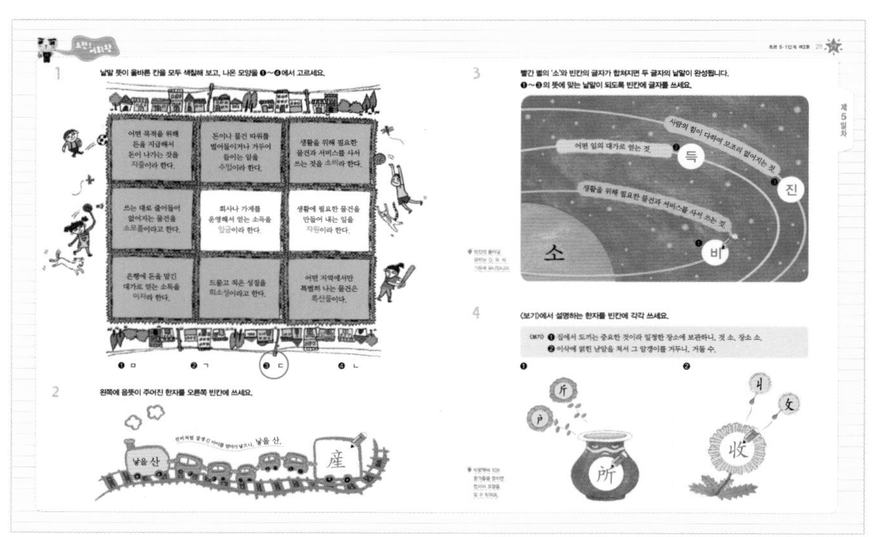

평가 문제
30-31쪽 1. 특산물 2. 수출 3. ❸ 4. 경제 5. ❷
6. 어업 7. 수산물 8. 임금 9. 지출 10. 이자

'경제'만큼 어른들이 자주 입에 올리는 단어도 드물걸!
아빠의 월급, 엄마의 가계부, 장바구니, 이 모든 것들이
경제와 관계있는 것들이니 말이야.
이번 기회에 경제와 관계있는 낱말 뜻을 알아볼까?

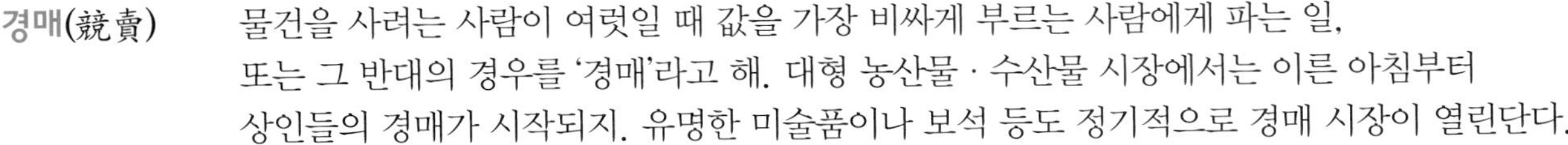

경매(競賣) 물건을 사려는 사람이 여럿일 때 값을 가장 비싸게 부르는 사람에게 파는 일, 또는 그 반대의 경우를 '경매'라고 해. 대형 농산물 · 수산물 시장에서는 이른 아침부터 상인들의 경매가 시작되지. 유명한 미술품이나 보석 등도 정기적으로 경매 시장이 열린단다.

공황(恐慌) 경제 전체가 혼란한 상태야. 두려움이나 공포【恐】 때문에 어쩔 줄 모르고 우왕좌왕하는【慌】 상태를 말해. 경제 공황이 닥치면 기업은 문을 닫고 사람들의 소득은 줄어들어 경제 전체가 몹시 어려워진단다.

대출(貸出) 은행이나 보험 회사 같은 금융 기관에서 빌려 주어【貸】 돈이 나오는【出】 일이야. 금융 기관은 대출의 대가로 일정 비율의 이자를 받는단다.

물가(物價) 물건【物】의 값【價】을 '물가'라고 해. 개별 상품의 값은 '가격'이라고 하고, 여러 상품의 가격을 종합한 것은 '물가'라고 하는 거야.

원금(元金) 돈을 빌렸다가 갚을 때에는 빌린 돈과 이자를 합쳐 갚지. 이때 빌린 돈은 '원래의【元】 돈【金】'이라고 하여 '원금'이라고 한단다.

적금(積金) 일정 기간 동안 일정한 돈을 모아【積】 목돈【金】을 만드는 예금이란다.

주가(株價) 주식의 값을 주가라고 해. 회사가 발전하고 경영이 잘되면 주가도 올라가고, 그렇지 않으면 주가도 떨어지지.

주식(株式) 여러 사람에게 돈을 모아 운영하는 회사를 '주식회사'라고 해. 주식회사는 돈을 낸 사람에게 회사 경영의 권리와 의무를 '주식'이란 형태로 보증하지. 주식은 자유롭게 사고팔 수 있단다.

증권(證券) 권리를 보증하는【證】 문서【券】란다. 증권의 대표적인 것은 주식이나 채권이야.

채권(債券) 국가나 지방 자치 단체, 은행이나 회사에서 돈이 필요할 때 발행하는 문서로, 금액과 받을 날짜, 이자 등이 적혀 있어.

투자(投資) 미래에 더 큰 이익을 얻기 위해 어떤 것에 돈【資】을 쓰는【投】 일이야. 기업은 새 기계를 사거나 새 상품을 개발하기 위해 많은 투자를 한단다.

마법의 상위권 어휘 스스로 평가표

01

다음 네 낱말 중 뜻을 자신 있게 말할 수 있는 낱말은 ○표, 알쏭달쏭한 낱말은 △표, 자신 없는 낱말은 ×표 하세요.

생산 (　　) | 경제 (　　) | 소득 (　　) | 수입 (　　)

02

다음 네 한자 중 음과 뜻을 자신 있게 말할 수 있는 것은 ○표, 알쏭달쏭한 것은 △표, 자신 없는 것은 ×표 하세요.

産 (　　) | 資 (　　) | 所 (　　) | 收 (　　)

03

〈평가 문제〉를 모두 풀고 정답을 확인해 보세요. 10문항 중 내가 맞힌 문항 수는 몇 개인가요?

❶ 9-10 문항 (　　) | ❷ 7-8 문항 (　　) | ❸ 3-4 문항 (　　) | ❹ 1-2 문항 (　　)

| 부모님과 선생님께 |

위에서 어린이가 스스로 적은 내용을 보고, 어린이가 어려워하는 부분을 함께 보면서 어휘의 뜻과 쓰임을 이해할 수 있도록 해 주세요.

초등 **5-1** 단계

제 1 일차	제 2 일차	제 3 일차	제 4 일차	제 5 일차
형과 나눈 대화를 읽고, 대표 어휘 '전도'의 뜻과 한자 '導'를 익힙니다. '전도'에서 확장된 여러 낱말의 뜻을 스스로 추론해 보도록 지도해 주세요.	대표 어휘 '대류'의 뜻과 한자 '對'을 익히고, 관계있는 낱말도 함께 익힙니다. 다지기 문제를 풀어 보고, '웅숭깊다'라는 표현도 익히도록 해 주세요.	빛을 연구한 과학자들의 이야기를 읽고, 대표 어휘 '복사'와 한자 '射'를 익힙니다. '복사'에서 확장된 여러 낱말의 뜻을 스스로 추론해 보도록 지도해 주세요.	대표 어휘 '적외선'의 뜻과 한자 '波'을 익히고, 관계있는 낱말도 함께 익힙니다. 다지기 문제를 풀어 보고, '맡다'와 '맞다'를 구별하여 쓰도록 해 주세요.	재미있는 게임 문제와 학교 시험 유형의 평가 문제를 풀며 어휘 실력을 다집니다. '트라이앵글(triangle)'가 들어가는 영어 단어들도 함께 익히도록 해 주세요.

형과 함께 라면을 끓이며 알게 된 전도와 대류! 열과 에너지의 세계는 알면 알수록 정말 신기해요. 생활을 편리하게 해 주는 에너지에 대해 좀 더 알고 싶어요.

어휘랑 놀자 1

아름답고 궁금한 우리말 이야기

응숭깊다

제 1 일차

교과서 학습 어휘 01

맛보기

돋보기1

한자가 술술

다지기

전도

도체 부도체 반도체 열 발열 가열

導

제 2 일차

돋보기2

한자가 술술

다지기

대류

대응 대질 대비 단열 보온 방한복

빛의 가시광선 바깥에는 적외선과 자외선이 있어요. 빛에 의해 전달되는 복사열 덕분에 우리가 추위를 견딜 수 있는 거예요. 빛은 신비롭고 매혹적인, 고마운 존재랍니다.

제 3 일차

교과서 학습 어휘 02

맛보기

돋보기1

한자가 술술

다지기

복사

백열 전지 전원 정전 광선 가시광선 광채

射

謝

어휘랑 놀자 3

외래어로 배우는 워(word)드라고요!

삼각형(triangle)

제 5 일차

도전! 어휘왕

평가 문제

적외선

자외선 파동 파장 파문

제 4 일차

돋보기2

한자가 술술

다지기

어휘랑 놀자 2

비슷해서 틀리기 쉬운 말 비교해서 틀리지 말자

냄새는 '맡고', 주사는 '맞고'

波

破

◑ 글 속의 주황색 낱말들은 무슨 뜻일까요? 잘 생각하면서 다음 글을 읽어 보세요.

"형, 배고파. 라면 끓여 먹자."

"좋아, 네가 가스레인지에 물을 끓여. 형이 맛있게 끓여 줄게."

준서는 투명 냄비에 물을 담아 가스레인지에 올려놓고 불을 켰습니다.

형은 능숙한 솜씨로 부엌 장에서 라면 2개를 꺼내며 말합니다.

"수프와 건더기 수프를 먼저 넣고 끓인 다음에 면을 넣어야 맛있어."

냄비는 금방 뜨거워졌어요. 조금 지나자 건더기가 위아래로 뱅글뱅글 돌면서 물이 펄펄 끓기 시작합니다.

그 모양을 본 형이 말했어요.

"가스레인지의 열에 냄비가 뜨거워진 것은 전도이고,

라면 물처럼 열이 위아래로 전달되면서 골고루 뜨거워지는 것은 대류라고 해."

그러자 준서도 지지 않고 대꾸했습니다.

"형, 라면 국물에 쇠 젓가락과 나무젓가락을 넣고 끝을 만져 봐.

이게 무슨 실험인 줄 알아? 도체와 부도체를 구분하기 위한 거라고!"

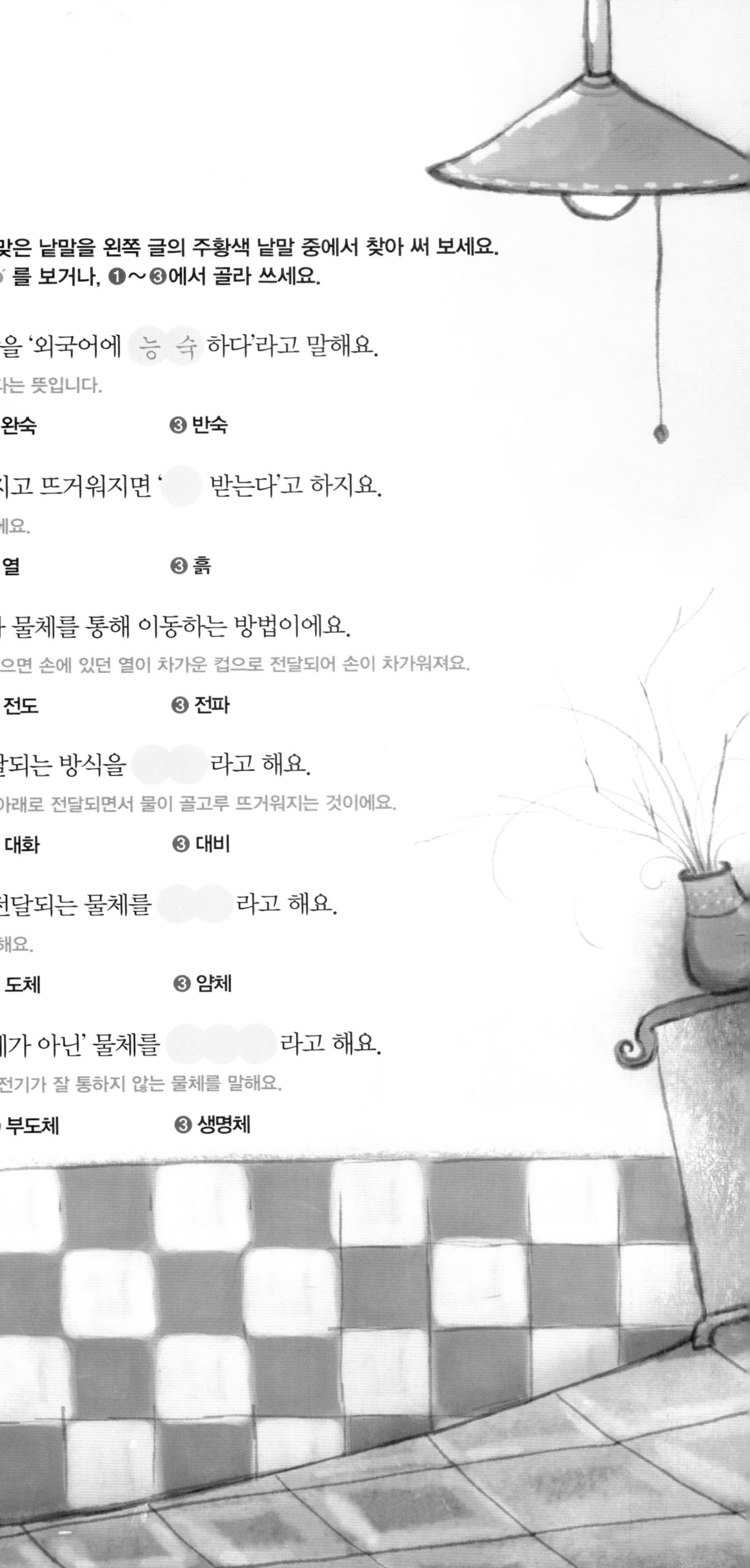

맛보기

◑ 빈칸에 알맞은 낱말을 왼쪽 글의 주황색 낱말 중에서 찾아 써 보세요. 잘 모를 땐 💡를 보거나, ❶~❸에서 골라 쓰세요.

1 외국어를 잘하는 사람을 '외국어에 능 숙 하다'라고 말해요.

💡 어떤 일에 능하고 익숙하다는 뜻입니다.

❶ 능숙 ❷ 완숙 ❸ 반숙

2 화가 나 얼굴이 벌게지고 뜨거워지면 '( ) 받는다'고 하지요.

💡 아주 뜨겁고 더운 기운이에요.

❶ 물 ❷ 열 ❸ 흙

3 ( )는 열에너지가 물체를 통해 이동하는 방법이에요.

💡 손으로 얼음이 든 컵을 잡으면 손에 있던 열이 차가운 컵으로 전달되어 손이 차가워져요.

❶ 전시 ❷ 전도 ❸ 전파

4 물과 공기로 열이 전달되는 방식을 ( ) 라고 해요.

💡 뜨거워진 냄비의 열이 위아래로 전달되면서 물이 골고루 뜨거워지는 것이에요.

❶ 대류 ❷ 대화 ❸ 대비

5 전기가 통하고 열이 전달되는 물체를 ( ) 라고 해요.

💡 열을 전도하는 물체를 뜻해요.

❶ 기체 ❷ 도체 ❸ 암체

6 고무나 나무같이 '도체가 아닌' 물체를 ( ) 라고 해요.

💡 고무나 나무같이 열이나 전기가 잘 통하지 않는 물체를 말해요.

❶ 유기체 ❷ 부도체 ❸ 생명체

돋보기1 가스레인지의 열에 냄비가 뜨거워진 것은 전도이고

열은 한군데 가만히 있지 못하고 항상 옮겨 다니려는 성질이 있어.
열이 물체를 통해 옮겨 가는 현상을 '전도'라고 해.

낱 (열을) 전【傳】하여 통하게 함【導】.
교 열 또는 전기가 물체의 한 부분에서 다른 부분으로 옮아가는 것.
예 쇠 젓가락은 나무젓가락보다 열이 잘 전도된다.

낱 은 낱글자 풀이, 교 는 교과서의 뜻이야!

열만 이동하는 게 아니야. 전기도 물체를 통해 이동하지.
그런데 모든 물체가 다 전기와 열을 이동시킬 수 있는 것은 아니야.
어떤 물체는 전도가 되지 않아. 즉 열이나 전기가 이동하지 않는 거야.
열이나 전기 에너지를 이동시키는 물체를 '도체'라고 하고, 그렇지 않은 것은 '부도체'라고 해.

낱 전도【導】가 되는 물체【體】.
교 열이나 전기가 잘 통하는 물체. (알루미늄, 금속 등)

낱 전도【導】가 되지 않는【不】 물체【體】.
교 열이나 전기가 잘 통하지 않는 물체. (나무, 고무 등)

어떤 때는 도체였다가 어떤 때는 부도체가 되는 성질을 가진 물체도 있어.
'반도체'는 높은 온도에서는 도체의 성질을 지니고, 낮은 온도에서는 부도체의 성질을 지녀.

낱 절반【半】만 전도【導】하는 물체【體】.
교 전기 전도율이 도체와 부도체의 중간인 물체.

반도체.

쏙쏙 문제

빈칸에 알맞은 낱말을 〈보기〉에서 골라 써 보세요.

〈보기〉 전도, 도체, 반도체

- ❶ ______ 는 열 또는 전기가 물체의 한 부분에서 다른 부분으로 옮아가는 것을 말한다.
- 열이나 전기를 잘 통하게 하는 물체를 ❷ ______ 라고 한다.
- ❸ ______ 는 도체가 되기도 하고 부도체가 되기도 하는 성질이 있다.

열이나 전기도 결국 '에너지'의 한 형태란다. 에너지는 일을 할 수 있는 힘이야.
성냥을 그으면 뜨거워지며 불꽃이 일지?
성냥을 그을 때 마찰로 생겨난 마찰 에너지가 열에너지로 바뀌었기 때문이지.
'열'은 빛과 함께 가장 일반적인 에너지의 형태란다.

더울 열熱

열

낱교 열로 나타나는 에너지. 열을 이용해서 일으킨 에너지.

예 손바닥을 비비면 뜨거워지는 것은 마찰 에너지가 열에너지로 바뀐 것이다.

마찰 에너지가 열에너지로 바뀌는 것처럼, 에너지는 쉴 새 없이 형태를 바꾼단다.
열, 빛, 위치, 화학, 운동 에너지로 변신을 거듭하지.

태양광 가로등
태양의 빛 에너지가 전기 에너지로 바뀌고, 이를 다시 빛 에너지로 바꾸어 거리를 비춘다.

수력 발전소
높은 곳에서 낮은 곳으로 떨어지는 힘을 이용한 위치 에너지가 전기 에너지로 바뀐다.

전열 기구
전기밥솥, 전기다리미는 전기 에너지가 열에너지로 바뀐 것이다.

'열'과 관련된 낱말로 '발열'과 '가열'이 있어.
발열은 열을 낸다는 뜻이고,
가열은 열을 더한다는 뜻이야.
불 위에 냄비나 주전자를 올려놓아
물을 끓이는 것을 가열이라고 한단다.

일어날 발發 더울 열熱

발열

낱교 물체가 열【熱】을 냄【發】.

예 심한 발열은 감기의 주요 증상이다.

더할 가加 더울 열熱

가열

낱교 열【熱】을 더함【加】.

예 섭씨 100도 이상에서 가열하면 세균이 죽는다.

쏙쏙 문제

빈칸에 알맞은 낱말을 〈보기〉에서 골라 써 보세요.

〈보기〉 발열, 가열, 열

- 프라이팬을 너무 ❶ 　　　 했더니 새까맣게 타 버렸다.
- 전기밥솥, 전기다리미는 전기 에너지가 ❷ 　　　 에너지로 바뀐 것이다.
- 이 독감은 ❸ 　　　 이 심한 특징이 있으므로 노약자들은 특히 주의해야 한다.

한자의 뜻과 유래에 대한 설명을 읽고, 한자를 익혀 보세요.

이끌 도

총 16획 | 부수 寸, 13획

누군가를 이끌 때 손을 잡곤 하지 않니?
'이끌다, 인도하다'란 뜻의 '도(導)'에는
손으로 잡아끈다는 뜻의 글자인 '촌(寸)'이 들어 있어.
'마디 촌(寸)'은 본래 손가락 마디를 나타낸 글자야.
손가락에 점을 찍은 모양이지.
'손으로 무엇을 하는 것'을 나타낸단다.
도(道)는 마땅히 지켜야 할 법도나 도리를 뜻해.
도리【道】에 맞게 손【寸】으로 이끈다는 뜻이 바로 '이끌 도(導)'인 거야!

한자 암기카드

'도입(導入)'이란 어떤 것을 다른 데서 들여 온다는 뜻이야. 책이나 글의 첫머리를 '도입부'라고 하는데, 이는 어떤 일을 본격적으로 진행하기 위한 첫 부분을 뜻하지.

낱 끌어【導】들임【入】.

교 어떤 것을 다른 데서 들여옴.

'한자 암기카드'를 보고 빈칸에 들어갈 말을 써 보세요.

❶ ______【道】에 맞게 ❷ ____【寸】으로 이끄니, 이끌 도(導).

導의 뜻은 이 끌 다 이고, 음은 ❸ ____ 입니다.

導의 어원을 생각하면서 필순에 따라 써 보세요.

導 導 導 導 導 導 導 導 導 導 導 導 導 導 導 導

導	導	導	導	導			

다지기

제 1 일차

1

❶~❺의 뜻에 맞는 낱말이 되도록 흰 접시 안에 알맞은 글자를 쓰세요.

❶ 열 또는 전기가 물체의 한 부분에서 다른 부분으로 옮아가는 현상.
❷ 어떤 것을 다른 데서 들여옴.
❸ 열이나 전기가 잘 통하는 물체.
❹ 물체가 열을 내는 일.
❺ 열을 더하는 것. 열을 가하는 일.

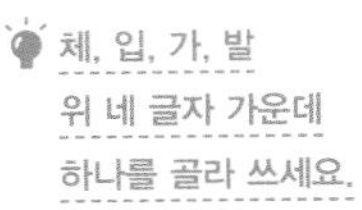
체, 입, 가, 발
위 네 글자 가운데
하나를 골라 쓰세요.

2

왼쪽에 음뜻이 주어진 한자를 오른쪽 빈칸에 쓰세요.

오른쪽 그림을 보렴. 유리 냄비에 물을 끓이면, 공기 방울이 위아래로 뱅글뱅글 도는 걸 볼 수 있을 거야. 말하자면, 냄비 속 물이 위아래로 돌고 있다는 거지! 열과 만난【對】 액체나 기체가 이렇게 직접 움직여【流】 열을 전달하는 현상을 '대류'라고 해.

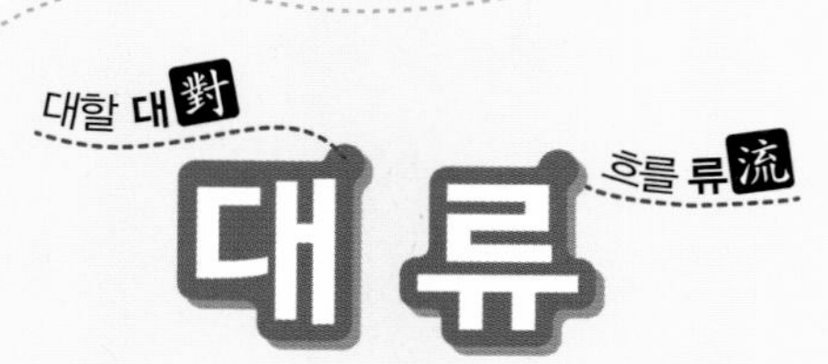

낱 상대【對】 쪽으로 움직여 흐름【流】.

교 가열된 물질이 직접 이동하여 열이 전달되는 방법.

예 더운 공기는 위로 올라가고 찬 공기는 아래로 내려오는 현상을 대류라고 한다.

냄비가 열을 받아 뜨거워지면, 냄비 바닥 가까이 있는 물이 뜨거워지지. 뜨거워진 물은 가벼워져 위로 올라간단다. 위에 있던 덜 뜨거운 물은 아래로 내려오고, 이렇게 해서 물이 위아래로 돌고 도는 것이지. 난로를 피우면 방 안 전체가 훈훈해지는 것도 같은 원리란다. '대(對)'는 대류 외에도 다음과 같은 낱말을 만들 수 있어.

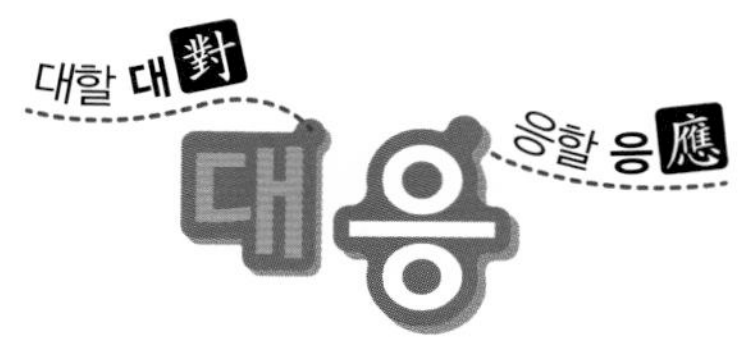

낱 교 어떤 일에 대해【對】 응【應】하는 태도나 행동.

어떤 상황을 맞이하여 알맞게 행동하는 것을 '대응'이라고 해.

예 상대편 공격에 효과적인 대응 방법이 없을까?

낱 교 둘을 마주 대【對】하게 하여 묻는【質】 일.

서로 엇갈리는 말을 하는 두 사람을 한자리에 마주 앉혀 묻는 일이 '대질'이야.

예 증인 두 사람을 다 불러 대질 심문을 하자.

낱 교 서로 맞대어【對】 비교【比】함.

둘을 서로 비교하여 차이점을 드러내는 일을 '대비'라고 해.

예 두 사람의 성격은 확연하게 대비된다.

쏙쏙 문제

빈칸에 알맞은 낱말을 〈보기〉에서 골라 써 보세요.

〈보기〉 대질, 대류, 대응

- 가열된 액체가 직접 위아래로 움직여 열을 전달하는 현상을 ❶ (　　) 라고 한다.
- 두 사람의 말이 서로 다를 때에는 둘을 한자리에 ❷ (　　) 시킨다.
- 경찰은 사이버 테러에 ❸ (　　) 하기 위해 전담반을 조직했다.

에너지는 높은 곳에서 낮은 곳으로, 많은 곳에서 적은 곳으로 이동하는 성질이 있어.
열도 에너지이므로 낮은 곳으로 끊임없이 이동하려고 한단다.
그런데 생활하다 보면 열의 이동을 막아야 할 때가 있어.
겨울에는 집 안의 열이 빠져나가지 못하게 하고,
여름에는 바깥의 열이 집 안으로 들어오지 못하게 해야겠지?
이처럼 열의 전달을 막는 것을 '단열(斷熱)'이라고 해.

낱 교 열【熱】의 이동을 끊어서【斷】 막음.
예 좋은 단열 재료를 쓴 덕분에 한겨울에도 따뜻하다.

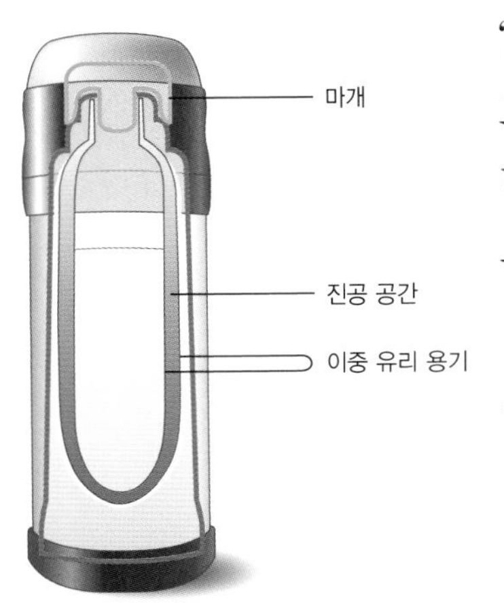

보온병의 구조

'보온병'도 단열의 원리를 이용한 물건이야.
보온병의 내부는 이중 유리로 되어 있고, 그 사이는 공기가 없는 진공 상태여서 열의 전달을 막는단다. 보온병 안의 뜨거운 열이 외부로 빠져나오지 못하기 때문에 여러 시간 동안 뜨거운 상태를 유지할 수 있지.

낱 교 일정한 온도【溫】를 유지하여 지킴【保】.
예 이 옷은 보온 기능이 뛰어나 한겨울에 입기 안성맞춤이다.

겨울철에 입는 겉옷에는 푹신푹신한 공기 층이 들어가 있어.
이 공기 층이 몸의 열이 빠져나가지 못하도록 막아 주는
단열재 역할을 한단다. 그래서 추위를 막는 '방한복'이 되는 거야.

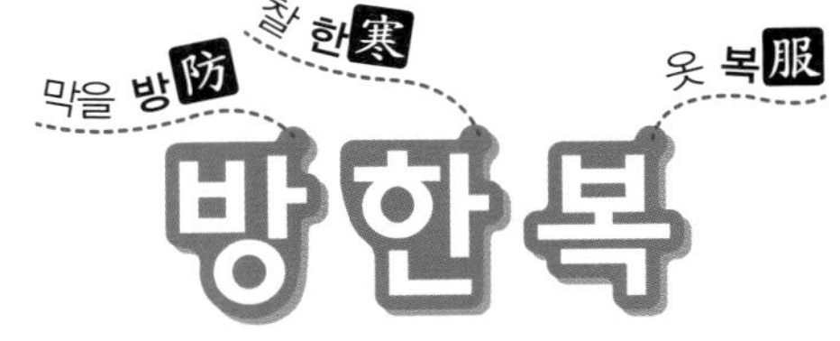

낱 교 추위【寒】를 막으려고【防】 입는 옷【服】.
예 겨울 등산에는 방한복이 필수다.

빈칸에 알맞은 낱말을 〈보기〉에서 골라 써 보세요.

〈보기〉 방한복, 단열, 보온

- 에너지 절약이 중요한 요즘은 집을 지을 때 ❶ ______ 이 잘되도록 설계해야 한다.
- 밥솥의 ❷ ______ 기능이 고장 나서 밥이 차갑게 식어 버렸다.
- ❸ ______ 덕분에 추위에도 끄떡없이 스키를 탈 수 있었다.

한자의 뜻과 유래에 대한 설명을 읽고, 한자를 익혀 보세요.

對

6급

대할 대

총 14획 | 부수 寸, 11획

손을 뜻하는 촌(寸)이 들어 있으니,
손으로 무엇을 한다는 뜻과 관계있는 글자겠지?
오랜 옛날 한 부족이 살았어. 푸른 초원 너머로 부족을 방문하는
손님이 보이면 '둥둥둥' 타악기를 두드리기 시작했지.
부족을 방문하는 손님을 대할 때 환영의 뜻으로 타악기【丵】를
손【寸】으로 두드리며 맞이하는 모습이 '대할 대(對)'란다.

한자 암기카드

① 타악기【丵】를

② 손【寸】으로 두드리며 찾아온 손님을 대하니

타악기【丵】를 손【寸】으로 두드리며 찾아온 손님을 대하니, **대할 대.**

丵	+	寸	=	對
(타악기)		마디 촌		대할 대

대할 대(對)가 쓰인 다른 낱말들을 다음 글에서 찾아보자.
"철이와 석이는 사사건건 의견이 달라 대립하는 사이입니다.
친구들은 두 사람이 직접 대면하고 대화를 해야 한다고 충고합니다."
'대립(對立)'은 팽팽하게 맞서는 거야. 그러니 사이좋게 지내기가 쉽지 않지.
'대면(對面)'은 서로 얼굴을 마주 대하는 것이지.
사이가 안 좋으면 서로 얼굴을 보지 않으려고 하지?
서로의 얼굴을 마주 보는 것만으로도 미움이 꽤 사그라진단다.
'대화(對話)'는 마주 보며 이야기하는 것이야.

'한자 암기카드'를 보고 빈칸에 들어갈 말을 써 보세요.

① ◯◯◯【丵】를 ② ◯【寸】으로 두드리며 찾아온 손님을 대하니, 대할 대(對).
對의 뜻은 대 하 다 이고, 음은 ③ ◯ 입니다.

對의 어원을 생각하면서 필순에 따라 써 보세요.

對 對 對 對 對 對 對 對 對 對 對 對 對 對

對	對	對	對	對			

1 **열기구에서 ❶~❸으로 이어진 길을 따라가면 두 글자로 된 낱말이 완성됩니다. 그 낱말을 알맞은 뜻과 이으세요.**

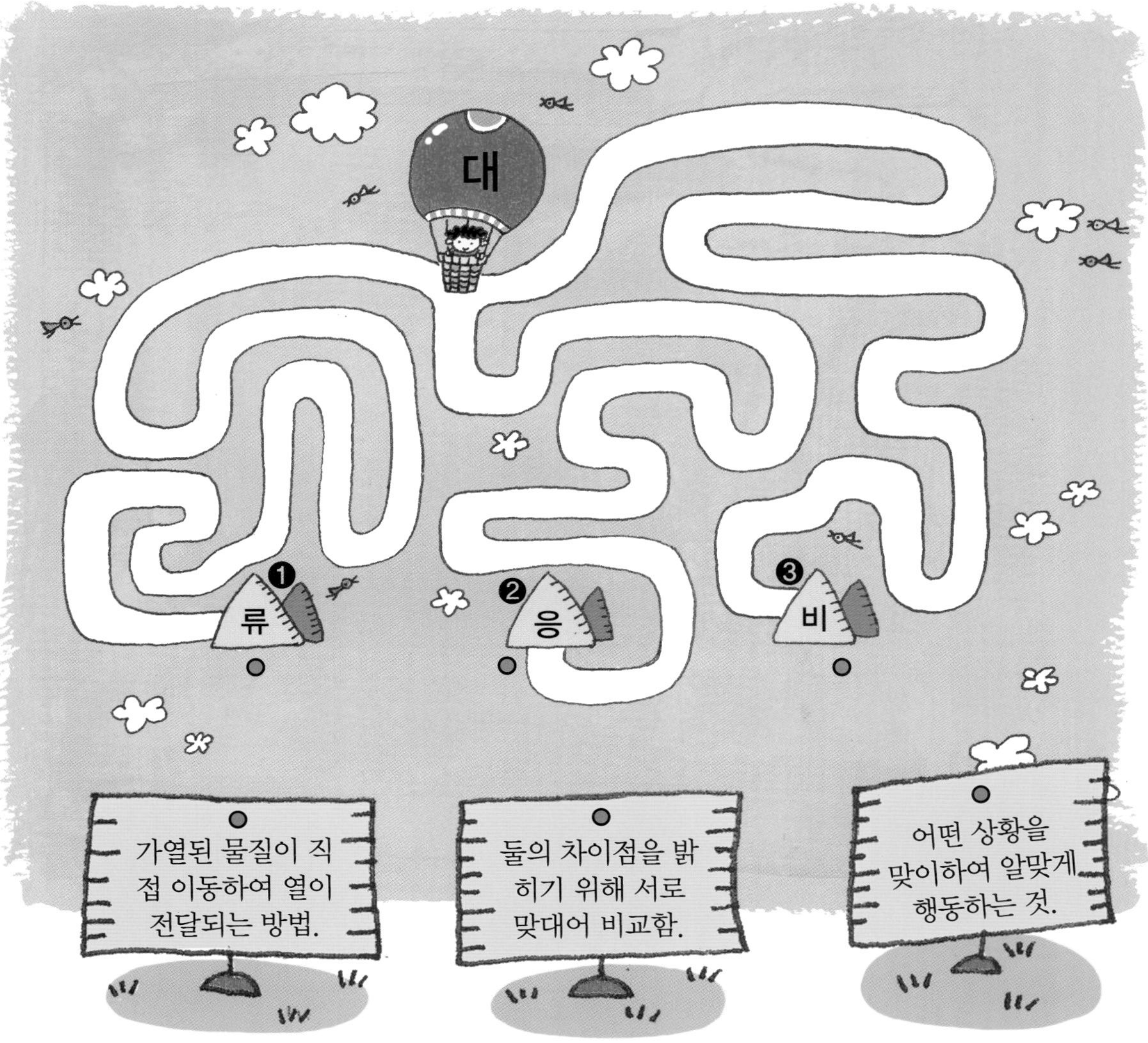

대

❶ 류 ❷ 응 ❸ 비

가열된 물질이 직접 이동하여 열이 전달되는 방법.

둘의 차이점을 밝히기 위해 서로 맞대어 비교함.

어떤 상황을 맞이하여 알맞게 행동하는 것.

완성된 세 낱말은 대류, 대응, 대비입니다.

2 **〈보기〉의 한자를 완성하려면 어떤 글자 조각이 필요한지 ❶~❹에서 고르세요.**

〈보기〉 타악기를 손으로 두드리며 찾아온 손님을 대하니, 대할 대.

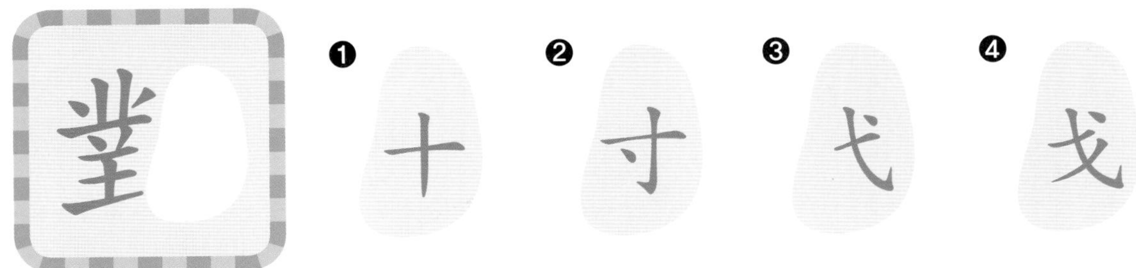

웅숭깊다

눈이 와서 길도 미끄럽고,
짐도 무거워 힘드네!

인절미 할머니,
눈이 많이 왔는데
뭐 하시는 거예요?

어서 그 짐을
거기 내려놓으세요.

들어 주려고?
고맙…….
자, 어서 눈이
녹기 전에 같이
눈싸움이나 해요!

이 녀석아,
추운데 무슨
눈싸움?!
꺄

앗! 내 장바구니?!
뿅!

누가 내 장바구니를
훔쳐 간 거야?
눈 위에 발자국이 있어요!
따라가 봐요.

오잉?
여기는 내 집?!

꿀꿀이, 너?!

너, 할머니 짐을 어떻게 한 거야?
그리고 왜 내 이불 안에 들어가 있지?

할머니 짐은 제가 여기다 들어다 놨고요.

이불 안은 제 온기로 따뜻이 덥혀 놨으니, 몸을 녹이세요.
후끈

하이고, 꿀꿀이가 이렇게 웅숭깊을 수가!
웅숭깊다?

'웅숭깊다'는 되바라지지 않고 깊숙하단 뜻이지. 속이 깊고 품이 넓은 사람의 성품을 가리켜.

바로 꿀꿀이처럼 생각이나 뜻이 크고 넓은 사람을 보고 웅숭깊다고 하는 거야!
엥!?

전 제 몸으로 할머니를 따뜻하게 해 드릴게요.
앗, 차가워! 눈으로 젖은 몸을 들이밀다니?!

◑ 글 속의 주황색 낱말들은 무슨 뜻일까요? 잘 생각하면서 다음 글을 읽어 보세요.

빛이 없다면 세상은 캄캄한 암흑 속에 갇히고 말 거예요.
식물은 광합성을 하지 못해서 시들시들 말라 버릴 테지요.
생명체는 빛에 의해 전달되는 복사열 덕분에 추위를 견디며 살 수 있어요.
빛은 생명체가 살아가는 데 무척 소중한 존재랍니다.
빛에 매혹된 과학자들은 빛의 정체를 밝히는 연구를 해 왔어요.
그중에서 뉴턴과 아인슈타인, 이 두 천재 과학자가 빛의 정체를 밝혀냈어요.
뉴턴은 빛이 빨강, 주황색, 노랑, 초록, 파랑, 남색, 보라의
일곱 가지 색깔로 이루어져 있다는 것을 발견했어요.
실제로 빛은 우리가 볼 수 있는 가시광선 외에도 빨간색 바깥의 적외선,
보라색 바깥의 자외선으로 이루어져 있어요.
아인슈타인은 빛이 무수히 작은 알갱이이기도 하고,
물결이나 소리처럼 멀리 퍼져 나가는 파동이기도 하다는 것을
과학적으로 증명했어요.
이것을 '빛의 이중성'이라고 해요.
아인슈타인은 어려서 빛을 타고 날아다니는 꿈을 자주 꾸었다고 해요.
그래서 이런 위대한 발견도 해낼 수 있었나 봐요.

◑ 빈칸에 알맞은 낱말을 왼쪽 글의 주황색 낱말 중에서 찾아 써 보세요.
잘 모를 땐 💡 를 보거나, ❶~❸에서 골라 쓰세요.

1 한 줄기 빛조차 없는 암 흑 천지가 되면 몹시 두려울 거예요.

💡 아무것도 보이지 않는 검은색처럼 깜깜한 어둠이에요.

❶ 암흑 ❷ 암반 ❸ 암탉

2 식물이 햇빛을 이용해서 양분을 만들어 내는 일을 ______ 이라고 해요.

💡 식물은 이것을 통해 우리에게 꼭 필요한 산소를 내보내지요.

❶ 사천성 ❷ 광합성 ❸ 수익성

3 전구나 난로 곁에 있으면 ______ 되는 열 덕분에 따뜻함을 느낄 수 있어요.

💡 물체에서 열을 사방으로 내보내는 거예요.

❶ 복사 ❷ 공사 ❸ 장사

4 빛을 프리즘에 통과시키면 무지개 색으로 나타나는 것을 ______ 이라고 해요.

💡 한자로는 '눈으로 볼 수 있는 광선'이란 뜻이에요.

❶ 가시광선 ❷ 가시방석 ❸ 가시덤불

5 무지개 색 바깥에는 자외선과 ______ 이 있어요.

💡 '빨간색의 바깥에 있는 선'이란 뜻이에요.

❶ 적외선 ❷ 방사선 ❸ 엑스선

6 잔잔한 수면에 돌을 던지면 ______ 이 일어나지요.

💡 한자 뜻 그대로는 '물결의 움직임'이에요.

❶ 파멸 ❷ 파동 ❸ 파악

빛에 의해 전달되는 **복사** 열 덕분에 추위를 견디며 살 수 있어요

햇빛이 잘 비치는 곳에 앉아 있으면 몸이 따뜻해지지?
태양에서 나온 빛이 우리 몸에 닿아 열로 바뀌어서 그런 거란다.
이것을 '복사(輻射)'라고 해. 복사는 빛에 의해 열이 전달되는 방법이야.

낱 교 빛이 나는 물체로부터 열이 바퀴살【輻】처럼 사방으로 쏘아【射】 방출됨.

예 백열전구 옆에 있으면 따뜻해지는 것도 열의 복사 때문이다.

불 켜진 '백열전구' 가까이 손바닥을 대고 있어도 금방 따뜻해지지?
백열전구에서 나오는 빛이 열을 전해 주기 때문이지.

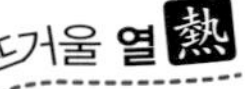

낱 교 흰빛【白】이 날 만큼 몹시 뜨거움【熱】.

예 삼십 촉짜리 백열전구가 방 안을 밝게 비추었다.

전기와 관계있는 다음 낱말들도 익혀 보자.

교 전기 에너지를 발생시키는 장치.

우리가 흔히 보는 건전지나 배터리 등이 '전지'란다.

전기 전 電 / 근원 원 源

전원

낱 교 전력【電】을 공급하는 근원【源】.

전지나 콘센트 등 전기를 공급하는 장치가 '전원'이야.

낱 교 전기【電】가 끊어짐【停】.

공급되던 전기가 끊어진 상황을 '정전'이라고 해.

쏙쏙 문제

빈칸에 알맞은 낱말을 <보기>에서 골라 써 보세요.

<보기> 복사, 백열, 전원

- ① (   ) 전구는 형광등보다 전기 사용량이 훨씬 많다.
- 빛이 바로 열을 전달하는 것을 ② (   ) 라고 한다.
- 새로 산 전기다리미를 ③ (   ) 에 연결하니 금세 뜨거워졌다.

태양 빛이 사라진 캄캄한 밤에도 물체를 볼 수 있는 건
전등이나 조명등 같은 다른 빛들 덕분이지.
건물에 밝혀진 수많은 조명등을 보렴.
마치 '광선총'처럼 번쩍번쩍 빛줄기를 내뿜고 있지.

빛 광光 줄 선線

광선

낱 빛【光】의 줄기【線】.
교 해와 같이 밝은 물체에서 뻗어 나오는 빛줄기.
예 태양 광선을 너무 오래 쬐면 피부가 검게 그을린다.

우리가 물체를 볼 수 있는 건 빛 덕분이야.
정확히 말하면 빛 중에서도 '가시광선', 즉 '눈으로 볼 수 있는 빛' 덕분이란다.
빛에는 우리 눈에 보이는 빛과 그렇지 않은 빛이 있거든.
태양이나 백열전구의 빛을 프리즘에 통과시키면 나타나는
일곱 가지 색깔의 띠를 '가시광선'이라고 해.
'가시(可視)'란 눈으로 볼 수 있다는 거야.
'가시적 성과'라는 말을 흔히 쓰는데, 이것은 '눈에 보이는 성과',
누구나 알 수 있을 정도로 확실히 드러난 결과를 말해.

일곱 가지 색깔로 나타나는 가시광선.

낱 눈으로 볼 수 있는【可視】 광선(光線).
교 눈에 보이는 빛줄기. 물체를 볼 수 있게 만들어 주는 빛.
예 가시광선은 여러 가지 색깔로 이루어졌다.

빛이 만들어 내는 아름답고 찬란한 느낌을
'광채'라고 해. '반짝반짝하다, 환히 빛나다,
눈부시다'라고 느껴질 때 이 말을 쓰지.

빛 광光 고운빛깔 채彩

광채

낱 교 아름답고 찬란한【彩】 빛【光】.
예 그녀의 눈동자는 광채가 나는 듯 강렬하게 빛났다.

빈칸에 알맞은 낱말을 〈보기〉에서 골라 써 보세요.

〈보기〉 가시, 광선, 광채

- 강한 태양 ① ______ 을 막을 수 있도록 반드시 모자와 양산을 준비하세요.
- 엄마는 항상 나에게 ② ______ 적인 성과를 요구하시는 것 같아 부담스럽다.
- 완성된 음식을 보자 사람들의 눈에는 ③ ______ 가 돌았다.

한자의 뜻과 유래에 대한 설명을 읽고, 한자를 익혀 보세요.

射

4급

쏠 사

총 10획 | 부수 寸, 7획

몸을 뜻하는 신(身)과 손을 뜻하는 촌(寸)이 만난 글자야.
즉 몸과 손으로 무언가 한다는 뜻이지.
이 글자는 '활쏘기하는 모습'을 나타내고 있어.
활을 쏘려면 큰 활을 몸【身】에 대고 활시위를 손【寸】으로 당겨 목표물을 정확히 겨냥해야 한단다.
옆의 그림을 보렴. 화살을 쏘는 모습과 '쏠 사(射)'의 글자 모양이 비슷하다는 걸 알 수 있을 거야.

김홍도의 〈활쏘기〉 도판 일부.

한자 암기카드

謝

준4급

사례할, 빌 사

총 17획 | 부수 言, 10획

말【言】을 화살을 쏘듯【射】 거칠게 한 뒤 사례하고 비니, 사례할 사, 빌 사(謝).
말을 활쏘기처럼 거칠게 한 뒤에는 분명하게 사과를 해야 뒤끝이 없어.
고맙다는 뜻을 전하는 사례할 사, 잘못했다고 말하는 빌 사는 이런 생각으로 만들어진 글자야.

'한자 암기카드'를 보고 빈칸에 들어갈 말을 써 보세요.

활을 ❶ ____【身】에 대고 활시위를 ❷ ____【寸】으로 당겨 쏘니, 쏠 사(射).
射의 뜻은 쏘 다 이고, 음은 ❸ ____ 입니다.

射의 어원을 생각하면서 필순에 따라 써 보세요.

射 射 射 射 射 射 射 射 射 射

射 射 射 射 射

다지기

1 〈보기〉의 ❶~❹에 해당하는 낱말을 따라 길에 줄을 그으세요.

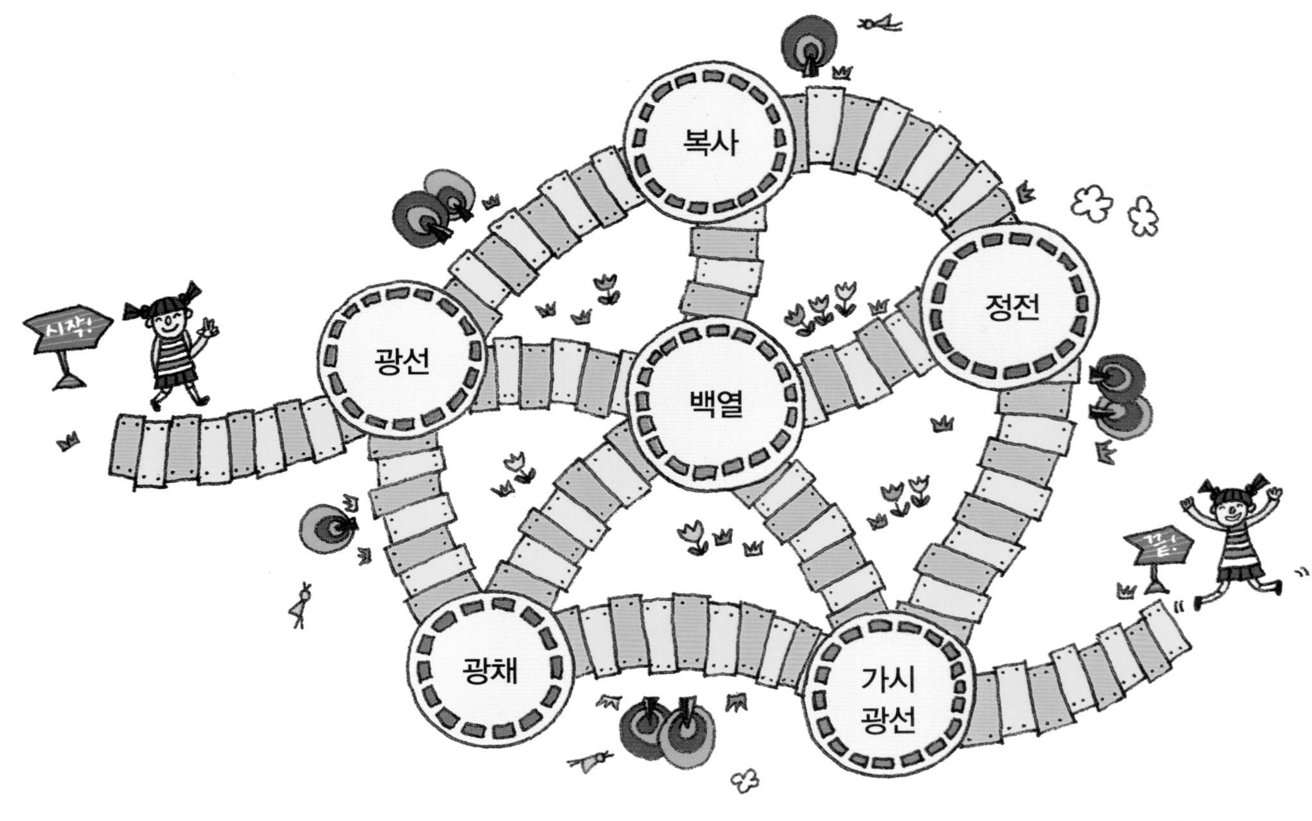

〈보기〉 ❶ 빛줄기.
❷ 빛이 나는 물체로부터 열이 바퀴살처럼 사방으로 쏘아 방출됨.
❸ 흰빛이 날 만큼 몹시 뜨거운 것.
❹ 눈에 보이는 빛줄기. 물체를 볼 수 있게 만들어 주는 빛.

❶은 길이 시작하는 지점에, ❹는 길이 끝나는 지점에 있어요.

2 〈보기〉의 한자를 완성하려면 어떤 글자 조각이 필요한지 ❶~❹에서 고르세요.

〈보기〉 활을 몸에 대고 활시위를 손으로 당겨 쏘니, 쏠 사.

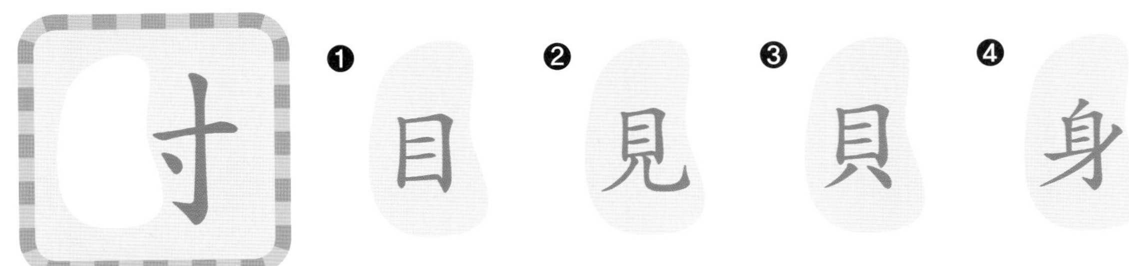

빛에는 우리 눈에 보이지 않는 것도 있다고 말했지?
프리즘에 빛을 비추면 일곱 가지 색깔의 가시광선이 나타나는데,
이 가시광선의 바깥쪽에 우리 눈에 보이지 않는 빛이 있단다.
그중 빨간색【赤】 바깥【外】에 있는 빛줄기【線】를 '적외선'이라고 해.

낱 교 빨간색【赤】 광선 바깥【外】에 있는 광선【線】.
예 적외선 탐지기는 물체에서 발산되는 적외선을 탐지하여 그 물체를 찾아내는 기계이다.

적외선을 열선(熱線)이라고도 해.
열을 내는 물체는 모두 적외선을 발산하기 때문이지.
사람의 몸에서도 적외선이 나온단다. 사람 체온이 36도 이상이니까!
적외선은 물체의 온도가 올라가게 만들어 준단다.
그래서 아픈 곳에 적외선을 쐬어 주면 따뜻한 찜질 효과를 느낄 수 있어.
가시광선의 보라색 바깥쪽에도 '자외선'이란 빛이 있단다.

낱 교 보라색【紫】 광선 바깥【外】에 있는 광선【線】.
예 여름에는 자외선 차단 크림을 바르는 것이 좋다.

자외선은 세균이나 세포를 죽이는 성질이 있어.
햇빛이 좋은 날 이불을 널면 세균이나 진드기를 없앨 수 있지.
하지만 자외선을 많이 쐬면 피부가 상할 수 있으니 조심해야 해.

빈칸에 알맞은 낱말을 〈보기〉에서 골라 써 보세요.

〈보기〉 적외선, 자외선

- ❶ ______ 은 가시광선 중 빨간색 바깥에 있는 빛으로, 열선이라고도 한다.
- ❷ ______ 은 가시광선 중 보라색 바깥에 있는 빛으로, 살균 작용을 한다.

제 4 일차

가시광선, 적외선, 자외선 등 여러 가지 광선으로 나뉘는 것은 빛마다 '파장'이 다르기 때문이야. 파장을 이해하려면 먼저 '파동'이 무엇인지 알아야 해.

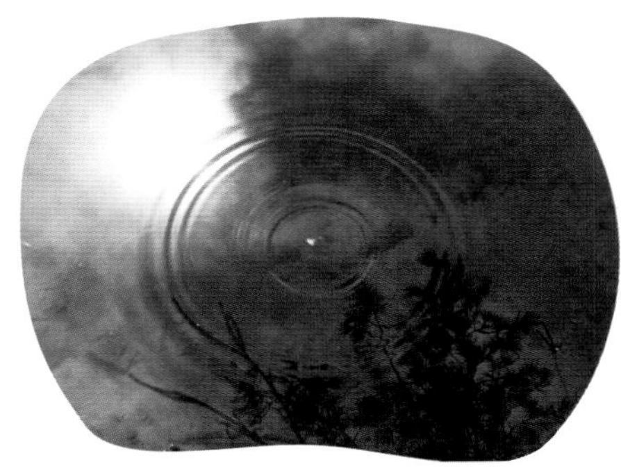

잔잔한 호수에 돌을 던지면 물결이 동그랗게 퍼져 나가잖아. 이것을 파동이라고 해. 빛도 파동이기 때문에 물결처럼 멀리멀리 퍼져 나간단다. 단지 빛은 물과 같은 매체가 없어도 퍼져 나가는 것이 다르지.

날 물결【波】의 움직임【動】.
교 공간으로 일정하게 퍼져 나가는 움직임.
예 작은 돌을 던졌을 뿐인데 호수가 잔잔해서인지 파동은 생각보다 크게 일어났다.

파동의 가장 높은 꼭대기를 '마루'라고 하고, 가장 낮은 지점을 '골'이라고 해. 파장은 파동의 한 마루에서 다음 마루까지의 길이, 혹은 한 골에서 다음 골까지의 길이를 말해.

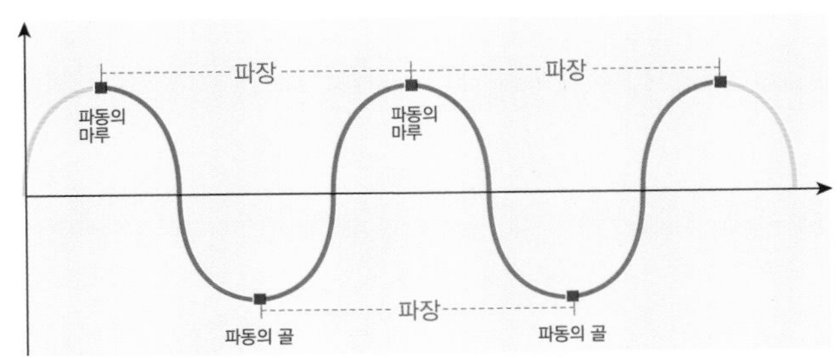

'파장'은 충격적인 일이 끼친 영향 등으로 많이 쓰인단다. '파문'도 비슷한 뜻으로 쓰이고 있지.

날 물결【波】 사이의 길이【長】.
교 파동의 한 마루에서 다음 마루까지, 혹은 한 골에서 다음 골까지의 거리. 또는 충격적인 일이 끼치는 영향 또는 영향의 정도.
예 이번 사건의 파장은 결코 작지 않을 것이다.

날 수면에 생기는 물결【波】 무늬【紋】.
교 수면에 생기는 물결, 혹은 어떤 일이 다른 데에 미치는 영향.
예 미국산 쇠고기 수입은 온 나라에 큰 파문을 몰고 왔다.

빈칸에 알맞은 낱말을 〈보기〉에서 골라 써 보세요.

〈보기〉 파동, 파장

- 대통령이 미국을 방문해서 미국산 쇠고기를 수입하겠다고 약속한 일이 알려져 큰 파문이 일었습니다. 미국산 쇠고기가 광우병 위험에 노출되어 있다는 사실 때문에 국민들 사이에 광우병 쇠고기 ❶ ______ 이 일어난 것입니다. 정부 관리들이 수습을 해 보려고 했으나 ❷ ______ 이 갈수록 커져 마침내 대규모 촛불 시위로 이어졌습니다.

한자의 뜻과 유래에 대한 설명을 읽고, 한자를 익혀 보세요.

波

준4급

물결 파

총 8획 | 부수 氵, 5획

물을 뜻하는 '수(氵)'와 가죽을 뜻하는 '피(皮)'가 합쳐져 물결이라는 뜻의 '파(波)'가 되었어.
'氵'은 '물 수(水)'가 글자의 변으로 쓰일 때의 모습이야. 점이 셋이라 '삼수변'이라 불러. 이 글자는 물과 관계있는 한자에 두루 쓰인단다. 가죽 피(皮)는 짐승 가죽을 벗기는 사람의 손 모습에서 나온 글자야.
물【氵】의 가죽【皮】은 물의 표면이지.
물의 표면에서 출렁거리는 것은 물결이고!

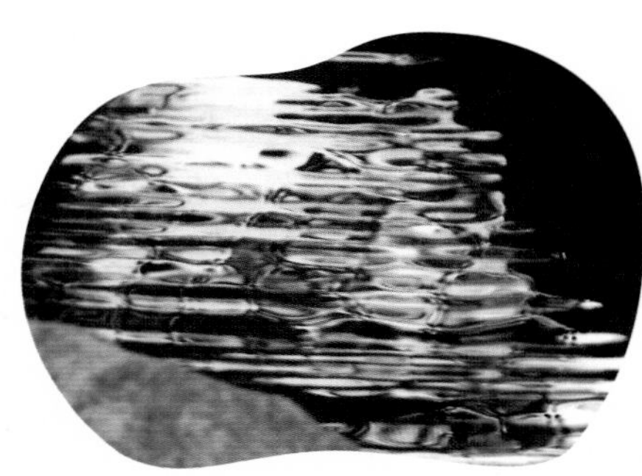
출렁이는 물결.

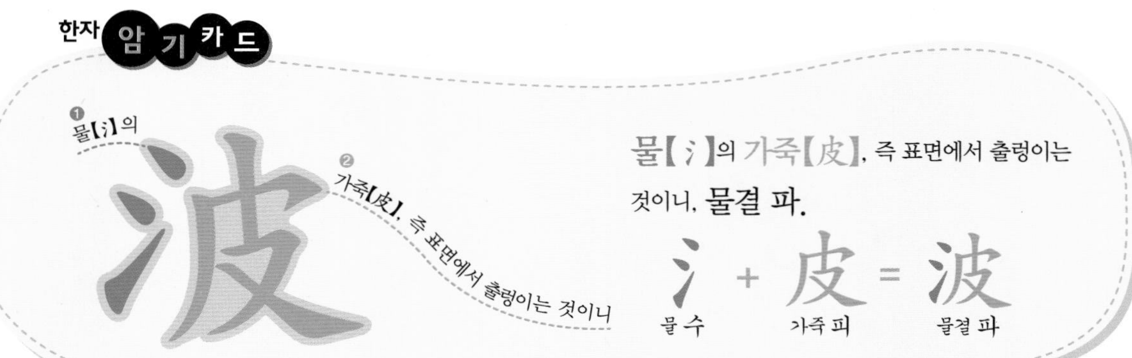

破

준4급

깨뜨릴 파

총 10획 | 부수 石, 5획

돌(石)의 가죽(皮)처럼 단단하면 잘 깨지니, 깨질 파(破).
'돌 석(石)'과 '가죽 피(皮)'로 이루어진 한자야.
돌처럼 단단하면 잘 깨진다는 데서 '깨뜨리다'라는 뜻이 생겼어.
염치(廉恥)를 깨뜨리면 '파렴치(破廉恥)', 약혼(約婚)을 깨면 '파혼(破婚)', 판을 깨면 '파국(破局)'이란다.

'한자 암기카드'를 보고 빈칸에 들어갈 말을 써 보세요.

❶ (   )【氵】의 ❷ (   )【皮】, 즉 표면에서 출렁이는 것이니, 물결 파(波).

波의 뜻은 물결 이고, 음은 ❸ (   ) 입니다.

波의 어원을 생각하면서 필순에 따라 써 보세요.

波 波 波 波 波 波 波 波

波	波	波	波	波			

1 돌담 안에 든 낱말 가운데 ❶~❸의 뜻에 맞는 낱말을 찾아 ◯로 묶고, 빈칸에 낱말을 쓰세요.

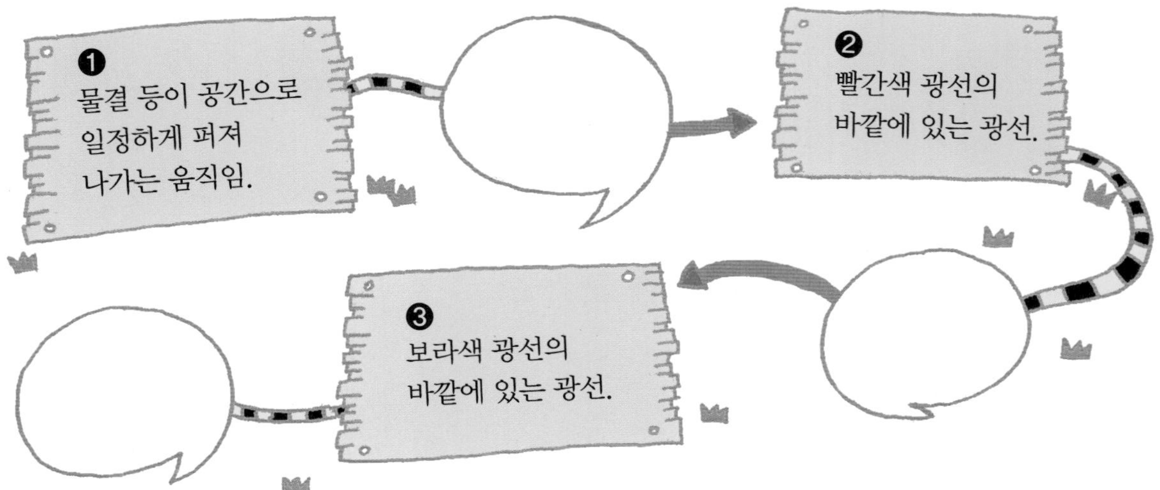

나란히 붙어 있는 글자로 된 낱말이에요.

2 양쪽 한자에 공통으로 들어 있는 글자를 ❶~❹에서 고르세요.

코엑스 몰에 있는 김치 박물관에 갔다. 나는 김치를 별로 좋아하지 안았다('않았다'라고 쓴단다.). 김치 냄새를 맛는('맡는'이라고 써야겠지.) 것도 싫어한다. 왜냐하면 김치에서 가끔 골은('곯은'이 맞단다.) 냄새가 나기 때문이다.

엄마는 그게 젓갈이랑 김치가 숙성돼서 나는 냄새라는데 어쨌든 실운데('싫은데'라고 쓴단다.) 어쩌란 것인지 모르겠다. 그래도 몸에 좋다고 하니 먹어 보도록 노력해야겠다.

*이 글은 초등학교 4학년 어린이가 쓴 생활문입니다.

냄새는 '맡고', 주사는 '맞고'

냄새는 '맞다'가 아니라 '맡다'라고 쓰는 거란다.
'맡다'는 코로 냄새를 느낄 때 쓰는 거야.
꽃 냄새를 맡는 거지. 자리를 차지할 때도 '맡는다'고 해.
꿀밤은 맞는 거야. 침이나 주사도 맞는 거고.
"네 말이 맞아!"라고 말할 때에도 '맞다'를 쓴단다.

방귀 냄새를 맡으니 지독하군!

맡다

- 코로 냄새를 느끼거나 어떤 일의 낌새를 눈치 채다.
  예 가스 냄새를 맡았더니 어지럽다.

맞다

- 외부에서 어떤 힘이 가해져 몸에 해를 입다.
  예 회초리를 맞다.
- 침, 주사 등으로 치료를 받다.
  예 주사를 맞다.

아야~ 주사 맞으니 아파~

1 **빈칸의 글자와 '열'이 합쳐지면 두 글자의 낱말이 완성됩니다. ❶~❹의 뜻에 맞는 낱말이 되도록 빈칸에 글자를 쓰세요.**

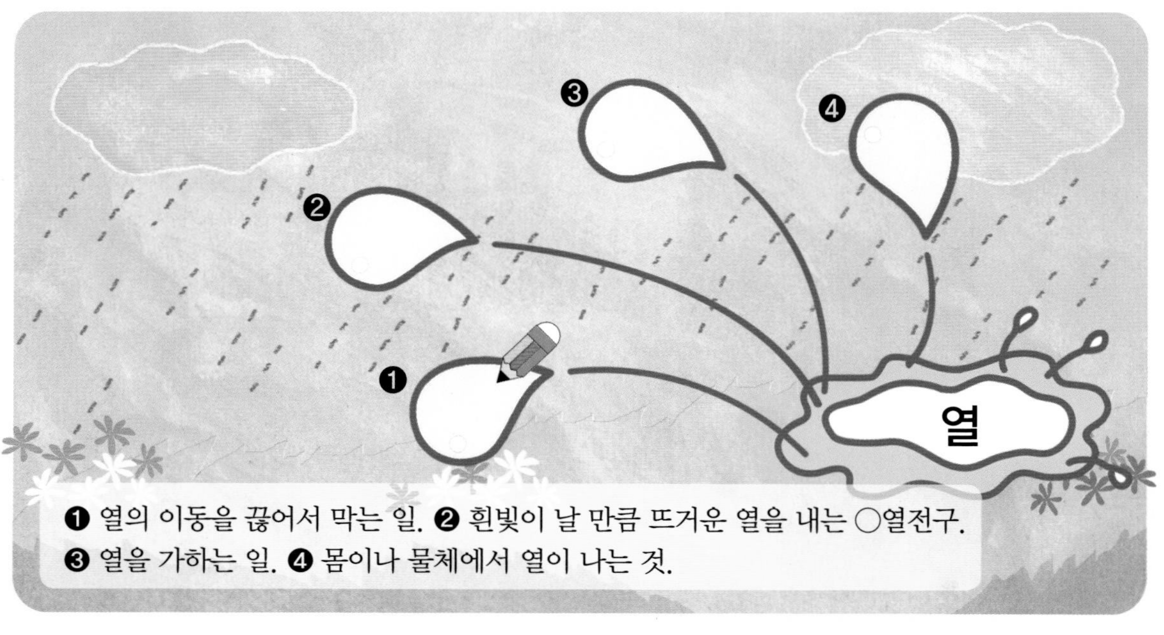

2 **❶~❹에서 사다리를 타고 가다 만나는 빈칸에 알맞은 한자를 쓰세요.**

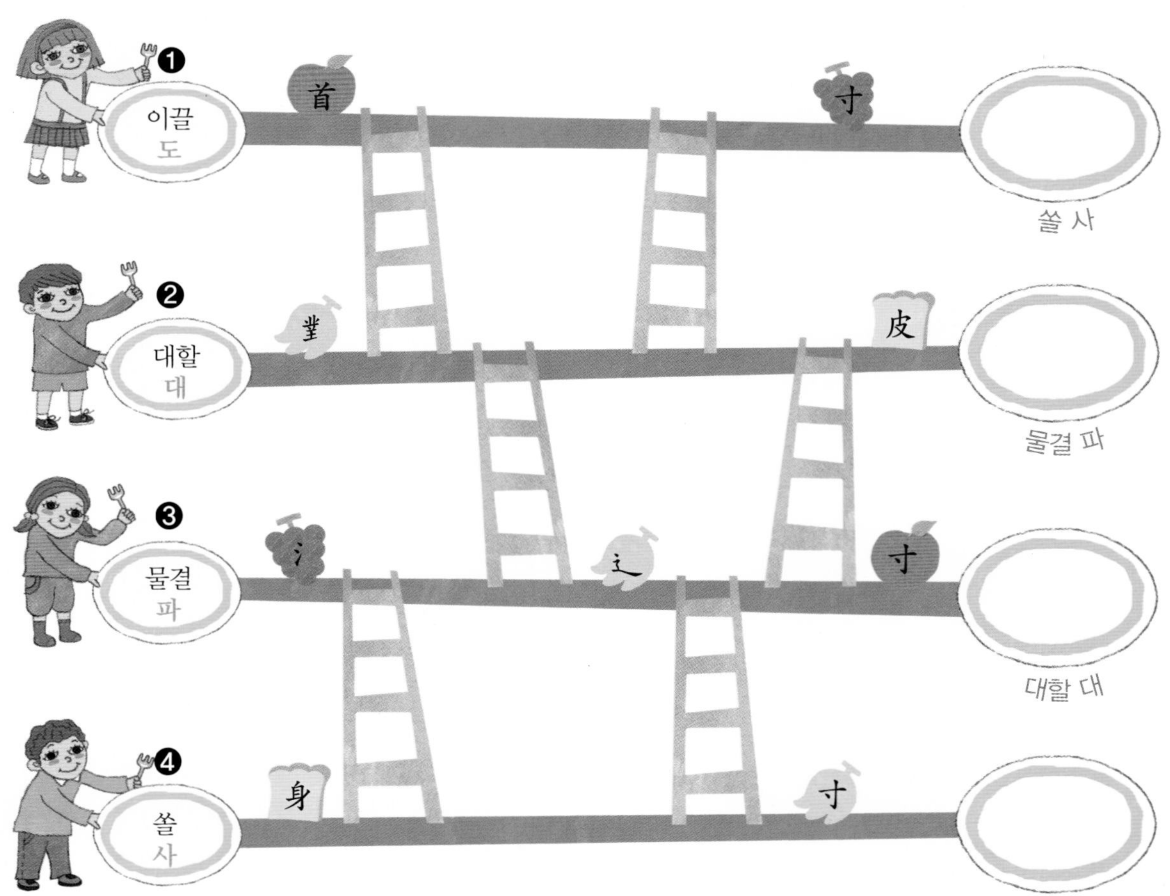

사다리 중간에 만나는 글자들을 합치면 한자가 완성됩니다.

3 ❶~❸의 뜻을 찾아 길에 줄을 그으세요.

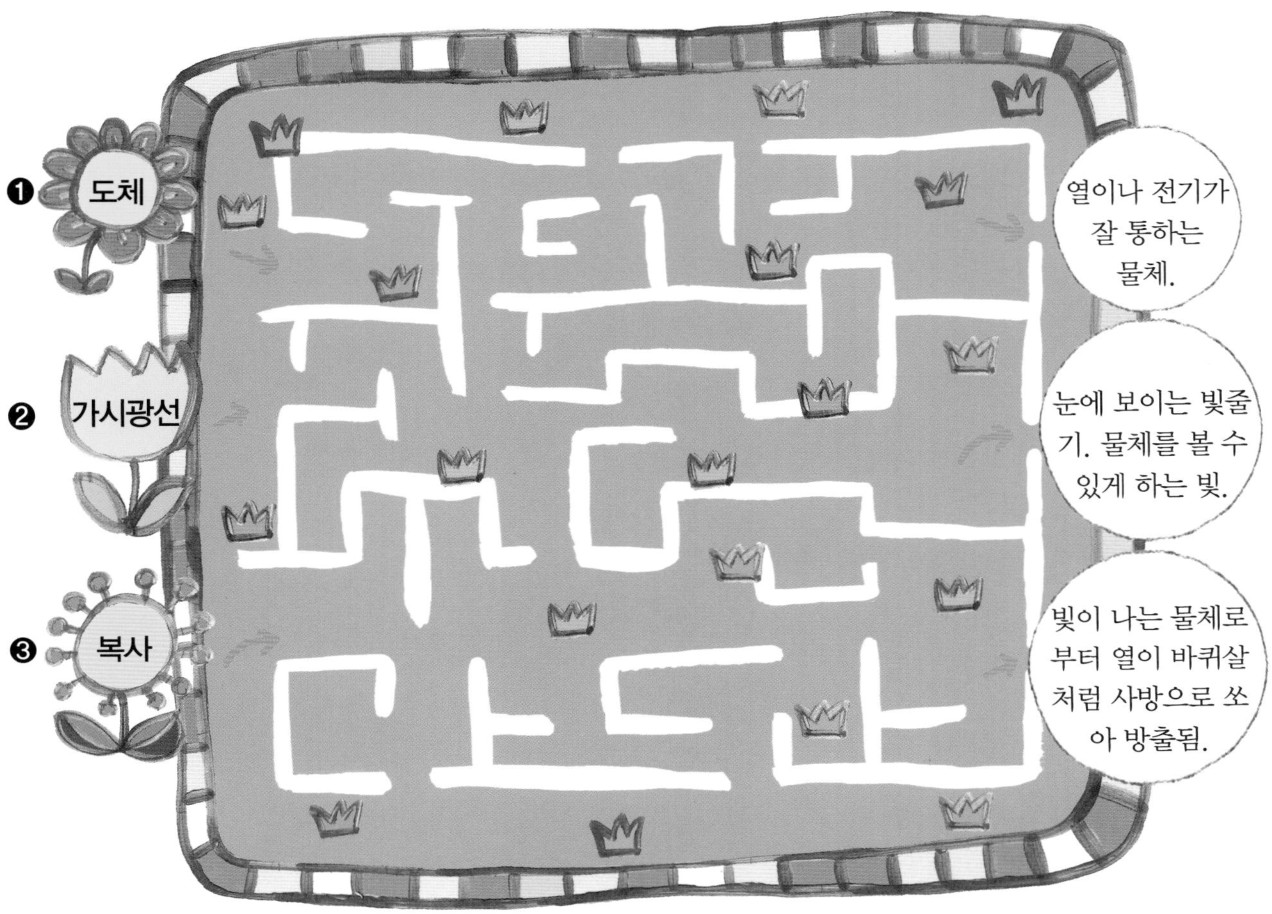

❶ 도체

❷ 가시광선

❸ 복사

열이나 전기가 잘 통하는 물체.

눈에 보이는 빛줄기. 물체를 볼 수 있게 하는 빛.

빛이 나는 물체로부터 열이 바퀴살처럼 사방으로 쏘아 방출됨.

4 주어진 문장 속에서 '사(謝)'의 두 가지 뜻을 찾아 ◯표 하고, 빈칸에 두 가지 뜻을 쓰세요.

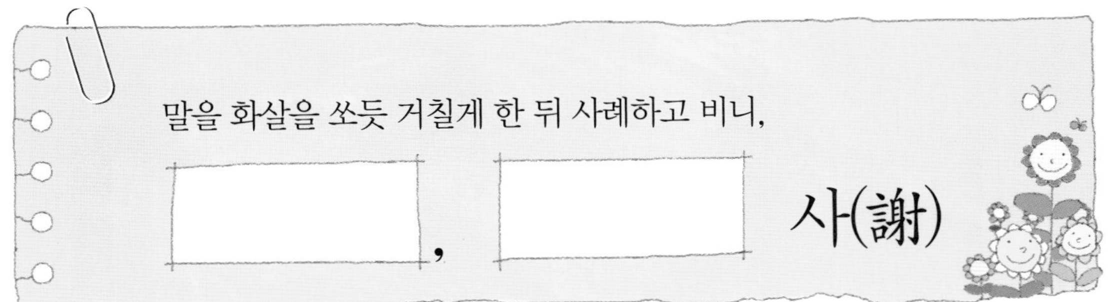

평가 문제

1~3 다음 글을 읽고 물음에 답하세요.

(가) 질화로는 지금은 사라져 그 모습을 찾아보기 힘들지만, 겨울에 방 안의 공기를 따뜻하게 해 주는 중요한 구실을 하였다. 그것은 열의 ㉠**전도**가 잘 되지 않는 질그릇의 특성을 이용한 것이다.

(나) 현대 문명의 산물인 ㉡**전기**밥통은 (㉢)은 되나, 시간이 지나면 밥이 누렇게 변색되고 냄새도 난다. 그러나 질그릇 밥통은 통 속에 서려 있는 김을 그릇 자체가 흡수하여 신선한 밥맛을 보존하는 위생적인 그릇이다.

1. ㉠의 뜻으로 바른 것을 고르세요. ( )

❶ 열의 이동을 끊어서 막는 일.
❷ 열이 바깥으로 빠져나오지 못하게 하는 일.
❸ 가열된 물질이 직접 이동하여 열을 전달하는 일.
❹ 빛을 내는 물체에서 열이 사방으로 뻗어 나오는 일.
❺ 열이 물체의 한 부분에서 다른 부분으로 이동하는 일.

2. 밑줄 친 낱말 중, ㉡에 쓰인 한자 '전(電)'과 같은 한자가 쓰인 낱말을 고르세요. ( )

❶ 편지를 **전**해 주어라.
❷ **전쟁**은 일어나지 않아야 한다.
❸ 백열**전구** 가까이 손을 대면 따뜻하다.
❹ **전** 세계 모든 사람이 방송을 지켜보았다.
❺ 우리 학교 학생 **전체**가 집에서 쉬기로 했다.

3. ㉢에 들어갈 말로, 〈보기〉의 뜻을 가진 낱말을 쓰세요.

〈보기〉 따뜻한 온도를 유지하는 일.

( )

4. 알맞은 것끼리 이어 보세요.

(1) 유리구슬, 나무, 고무 • • 도체

(2) 알루미늄, 금속 • • 부도체

5. 다음 그림과 같이, 난로를 켜 놓으면 온 방 안이 따뜻해지는 현상을 나타내는 말을 고르세요. (　　　　)

① 보온　② 전도　③ 대류
④ 복사　⑤ 발열

6~8 빈칸에 알맞은 낱말을 〈보기〉에서 골라 쓰세요.

〈보기〉 가시광선, 광채, 방한복

6. 빛을 프리즘에 비추면 무지개 색의 띠가 나타나는데, 이것은 (　　　　)이다.

7. 잘 먹고 푹 쉬어서 그런지, 네 얼굴에서 (　　　　)가 나는 것 같다.

8. 추운 겨울 등산에는 두툼한 (　　　　)이 필수다.

9~10 다음 글을 읽고 물음에 답하세요.

〈보기〉 가스레인지의 열에 냄비가 뜨거워지는 것은 (㉠)이고,
라면 물처럼 열이 위아래로 전달되면서 골고루 뜨거워지는 것은 (㉡) 현상이다.

9. ㉠에 알맞은 낱말을 쓰세요.

(　　　　　　　　)

10. ㉡에 알맞은 낱말을 쓰세요.

(　　　　　　　　)

삼각형과 세발자전거의 공통점은?

위 질문의 답이 뭘까?
삼각형은 각이 세 개, 세발자전거는 바퀴가 세 개니까
이 둘의 공통점은 '세 개'라는 것이겠네.
삼각형은 영어로 트라이앵글triangle이라고 해.
앵글angle은 '각(角), 각도, 모서리'라는 뜻이야.
그렇다면 트라이tri-라는 뜻이 무엇인지는 금방 알 수 있겠지?
맞아, 트라이tri-는 '3, 셋'이라는 뜻이야.

tri 3, 셋 + **angle** 각 → **triangle** 삼각형

그럼 트라이[tri-]가 들어가는 단어에는 어떤 것들이 있는지 알아볼까?
트리오[trio], 트라이포드[tripod], 트리플[triple], 트라이시클[tricycle] 등이 있는데,
여기에 모두 트라이[tri-]가 쓰였으니 당연히 '3, 셋'과 관련된 낱말이겠지?
어떤 뜻인지 카드를 보며 알아보자.

trio

트리오[trio]는 뜻이 뭘까?
tri-가 있으니까 '셋, 3'과 관계있을 거라고 쉽게 짐작할 수 있지?
맞아, 트리오는 '세 개로 된 짝, 3인조, 세 개 한 벌'을 뜻해.

tricycle

트라이시클[tricycle]에서 **cycle**은 '원'이라는 뜻이야. 원이 3개니까 바퀴가 세 개 달린 '세발자전거, 삼륜 오토바이, 삼륜차'를 말하지.

triple

트리플[triple]이 무슨 뜻인지 알아맞혀 봐. 싱글[single]은 하나, 더블[double]은 두 배, 그다음 트리플[triple]은 '세 배'를 말해.

tripod

트라이포드[tripod]는 뭘까?
카메라나 망원경을 고정시켜 놓을 때 쓰는 '삼각대, 삼발이'를 말해.
tripod에서 **pod**는 '발'이라는 뜻이거든.

콕콕 정답

제1일차

05쪽 1. 능숙 2. 열 3. 전도
4. 대류 5. 도체 6. 부도체
06쪽 ❶ 전도 ❷ 도체 ❸ 반도체
07쪽 ❶ 가열 ❷ 열 ❸ 발열
08쪽 ❶ 도리 ❷ 손 ❸ 도

09쪽

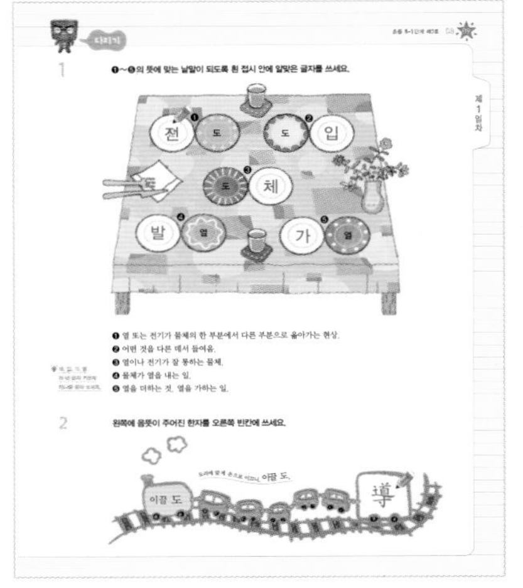

제2일차

10쪽 ❶ 대류 ❷ 대질 ❸ 대응
11쪽 ❶ 단열 ❷ 보온 ❸ 방한복
12쪽 ❶ 타악기 ❷ 손 ❸ 대

13쪽

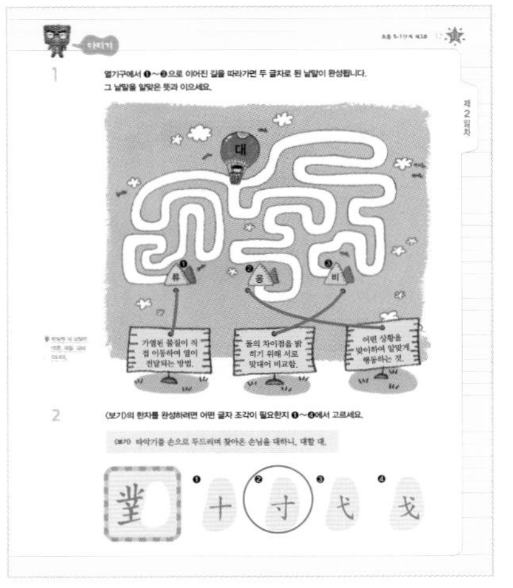

제3일차

17쪽 1. 암흑 2. 광합성 3. 복사
4. 가시광선 5. 적외선 6. 파동
18쪽 ❶ 백열 ❷ 복사 ❸ 전원
19쪽 ❶ 광선 ❷ 가시 ❸ 광채
20쪽 ❶ 몸 ❷ 손 ❸ 사

21쪽

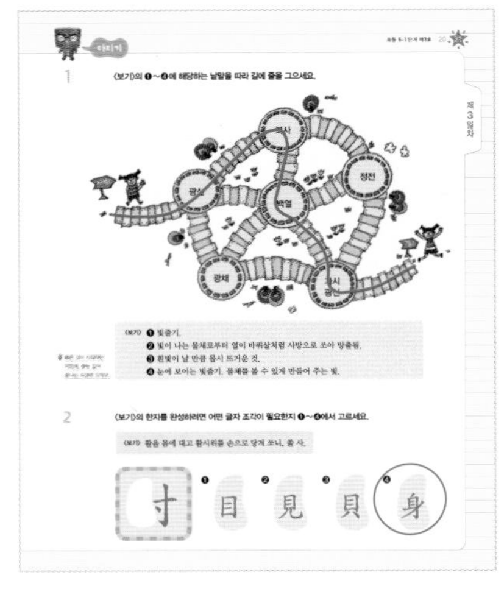

제4일차

22쪽 ❶ 적외선 ❷ 자외선
23쪽 ❶ 파동 ❷ 파장
24쪽 ❶ 물 ❷ 가죽 ❸ 파

25쪽

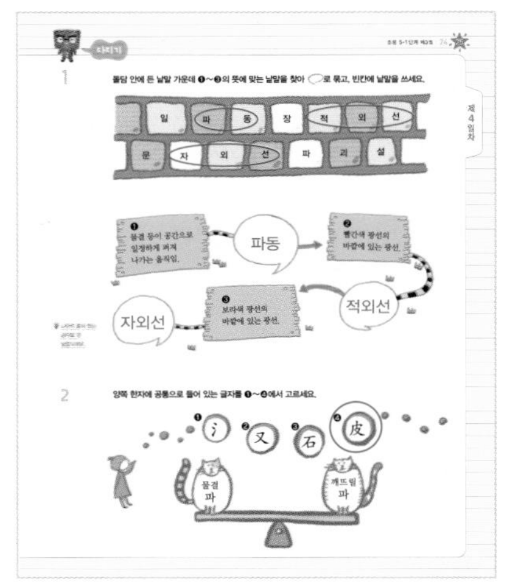

제5일차

도전! 어휘왕
28-29쪽

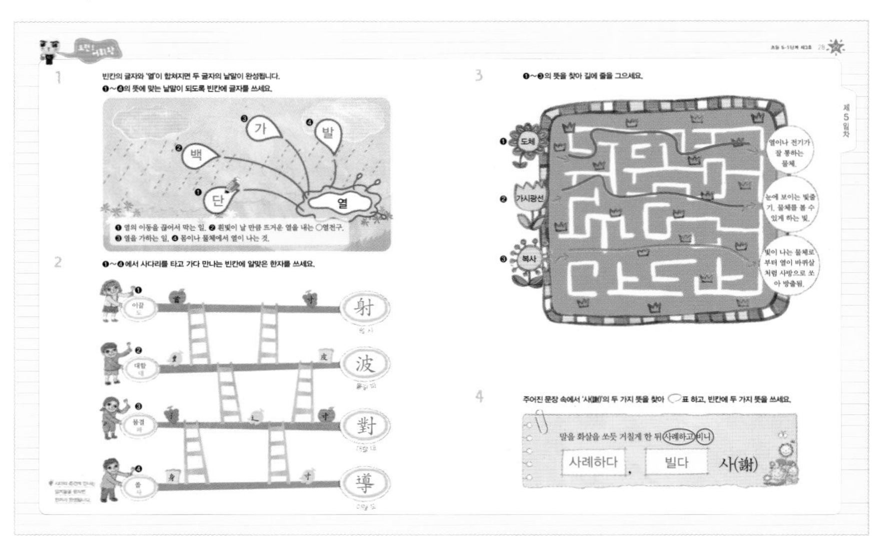

평가 문제
30-31쪽 1. ❺ 2. ❸ 3. 보온 4. (1) 부도체 (2) 도체 5. ❸
6. 가시광선 7. 광채 8. 방한복 9. 전도 10. 대류

한눈에 보는 전기

텔레비전 플러그를 콘센트에 꽂고 전원을 켜면 텔레비전을 볼 수 있지. 스위치만 딸깍 누르면 언제든 환하게 불이 켜지고, 따뜻한 난로도, 시원한 에어컨도 쓸 수 있게 돼. 낱말 뜻에 들어 있는 그 장치들의 쓰임을 알아보자.

발전기(發電機) 전기【電】를 일으키는【發】 기계【機】.
수력 발전소는 물이 떨어지는 힘으로 발전기를 돌려. 풍력 발전소는 바람이 부는 힘으로 발전기를 돌리지. 발전기 속에는 전선과 자석 등이 있어서 전기를 일으킬 수 있단다.

변전소(變電所) 전압【電】을 바꾸어【變】 주는 곳【所】.
발전소에서 일으킨 전기가 멀리 있는 집까지 오려면 전기를 세게 만들어야 해.
또 집 근처까지 전기가 오면 쓰기 적당하도록 약하게 만들지.
이렇게 전기의 세기를 바꾸어 주는 곳이 변전소란다.

변압기(變壓器) 전압【壓】을 바꾸어【變】주는 장치【器】.
전봇대에 매달려 있는 변압기는 발전소에서 보내 온 전기를 좀 더 약하게 만들어 일반 가정으로 보내 준단다.

전신주(電信柱) 전기【電】를 보내는【信】 기둥【住】.
전기는 전선을 타고 이동해. 발전소에서 집까지 이어진 전선 중간에 늘어지지 않도록 매어 놓는 기둥이 전신주란다. 흔히 '전봇대'라고 부르지.

분전반(分電盤) 전기【電】를 구별하여【分】 놓은 장치【盤】.
온 집 안의 전기 회로를 구별하여 한눈에 보고 조작할 수 있도록 만든 장치야.
정전이 되거나 전기 제품에 문제가 생기면 기사 아저씨가 분전반을 보고 상태를 점검한단다..

차단기(遮斷器) 누전(漏電)되었을 때, 전기를 차단(遮斷)하는 기구【器】.
전기 사고를 방지하려면 반드시 누전 차단기를 설치해야 해.
전기를 지나치게 써서 과열되면 자동으로 전기를 끊어서 화재나 감전 사고를 막아 주거든.

충전기(充電器) 전기【電】를 채우는【充】 기구【器】.
휴대용 전기 기구들은 미리 충전을 해 두어야 해. '충전'이란 전기 에너지를 채워 두는 일이지.

마법의 상위권 어휘 스스로 평가표

01

다음 네 낱말 중 뜻을 자신 있게 말할 수 있는 낱말은 ○표, 알쏭달쏭한 낱말은 △표, 자신 없는 낱말은 ×표 하세요.

전도 (　　) | 대류 (　　) | 복사 (　　) | 적외선 (　　)

02

다음 네 한자 중 음과 뜻을 자신 있게 말할 수 있는 것은 ○표, 알쏭달쏭한 것은 △표, 자신 없는 것은 ×표 하세요.

導 (　　) | 對 (　　) | 射 (　　) | 波 (　　)

03

〈평가 문제〉를 모두 풀고 정답을 확인해 보세요. 10문항 중 내가 맞힌 문항 수는 몇 개인가요?

❶ 9-10 문항 (　　) | ❷ 7-8 문항 (　　) | ❸ 3-4 문항 (　　) | ❹ 1-2 문항 (　　)

| 부모님과 선생님께 |

위에서 어린이가 스스로 적은 내용을 보고, 어린이가 어려워하는 부분을 함께 보면서
어휘의 뜻과 쓰임을 이해할 수 있도록 해 주세요.

초등 5-1 단계

어휘를 알아야 만점을 잡는다!

스토리텔링식 신교과서 학습을 위한

마법의 상위권 어휘

제 4 호

제 1 일차	제 2 일차	제 3 일차	제 4 일차	제 5 일차
명절에 찾은 고향 이야기를 읽고, 대표 어휘 '집성촌'과 한자 '城'을 익힙니다. '집성촌'에서 확장된 여러 낱말의 뜻을 스스로 추론해 보도록 지도해 주세요.	대표 어휘 '행정'의 뜻과 한자 '域'을 익히고, 관계있는 낱말도 함께 익힙니다. 다지기 문제를 풀어 보고, '참새가 방앗간을 그저 지나랴'라는 속담도 알려 주세요.	쓰레기로 뒤덮인 나폴리 이야기를 읽고, 대표 어휘 '밀집'과 한자 '過'를 익힙니다. '밀집'에서 확장된 여러 낱말의 뜻을 스스로 추론해 보도록 지도해 주세요.	대표 어휘 '님비'의 뜻과 한자 '惡'을 익히고, 관계있는 낱말도 함께 익힙니다. 다지기 문제를 풀어 보고, '밀리다'와 '막다'를 구별하여 쓰도록 해 주세요.	재미있는 게임 문제와 학교 시험 유형의 평가 문제를 풀며 어휘 실력을 다집니다. '스크랩북(scrapbook)'가 들어가는 영어 단어들도 함께 익히도록 해 주세요.

이런 내용을 배워요!

명절이면 어깨가 뻐근하고 뒷목이 뻣뻣해지는 나!
우리 고향은 집성촌이라 인사드려야 할 친척들이 무척 많거든요.
행정 구역상으로는 서울이지만 옛 마을의 정취를
느낄 수 있답니다.

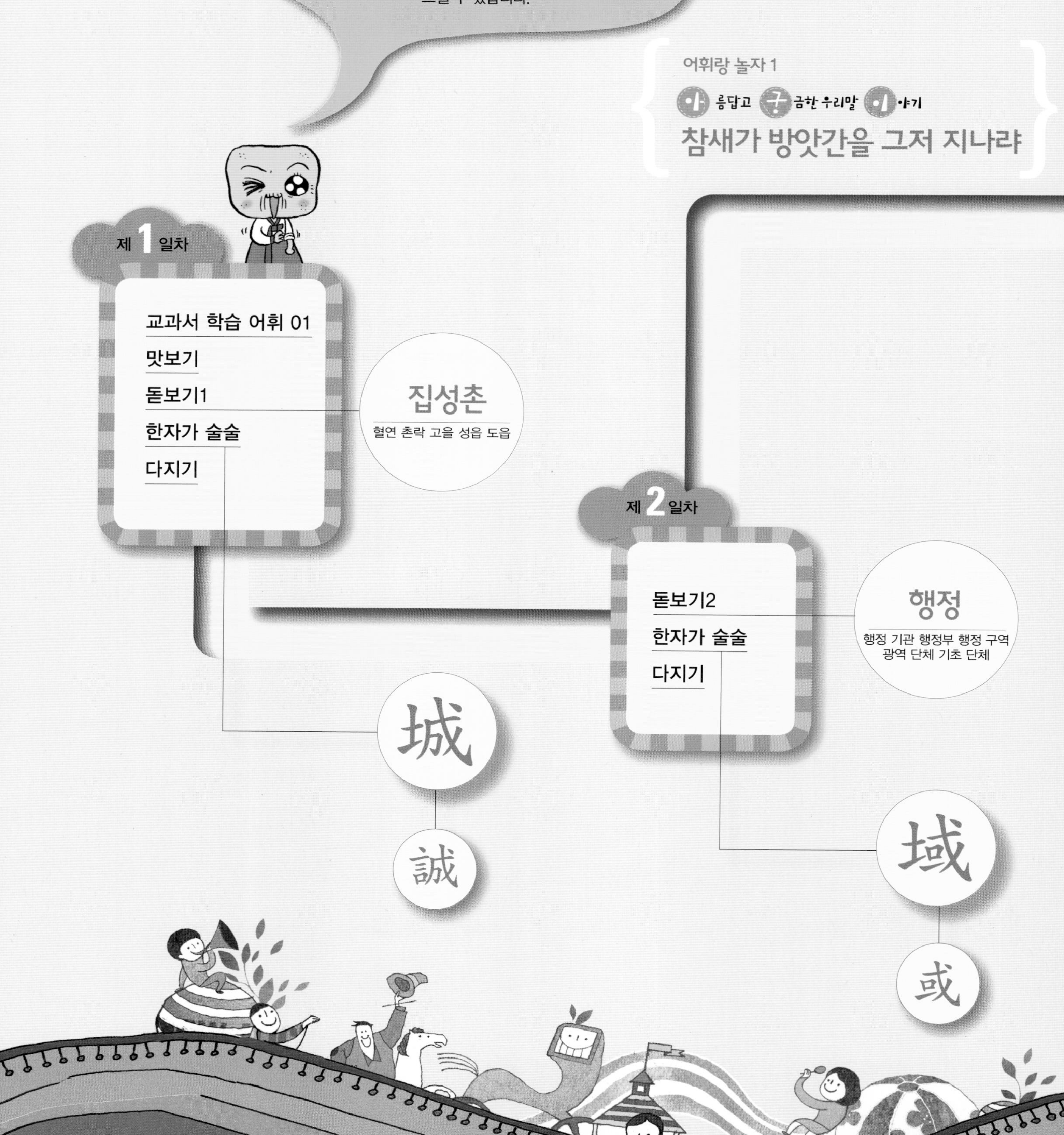

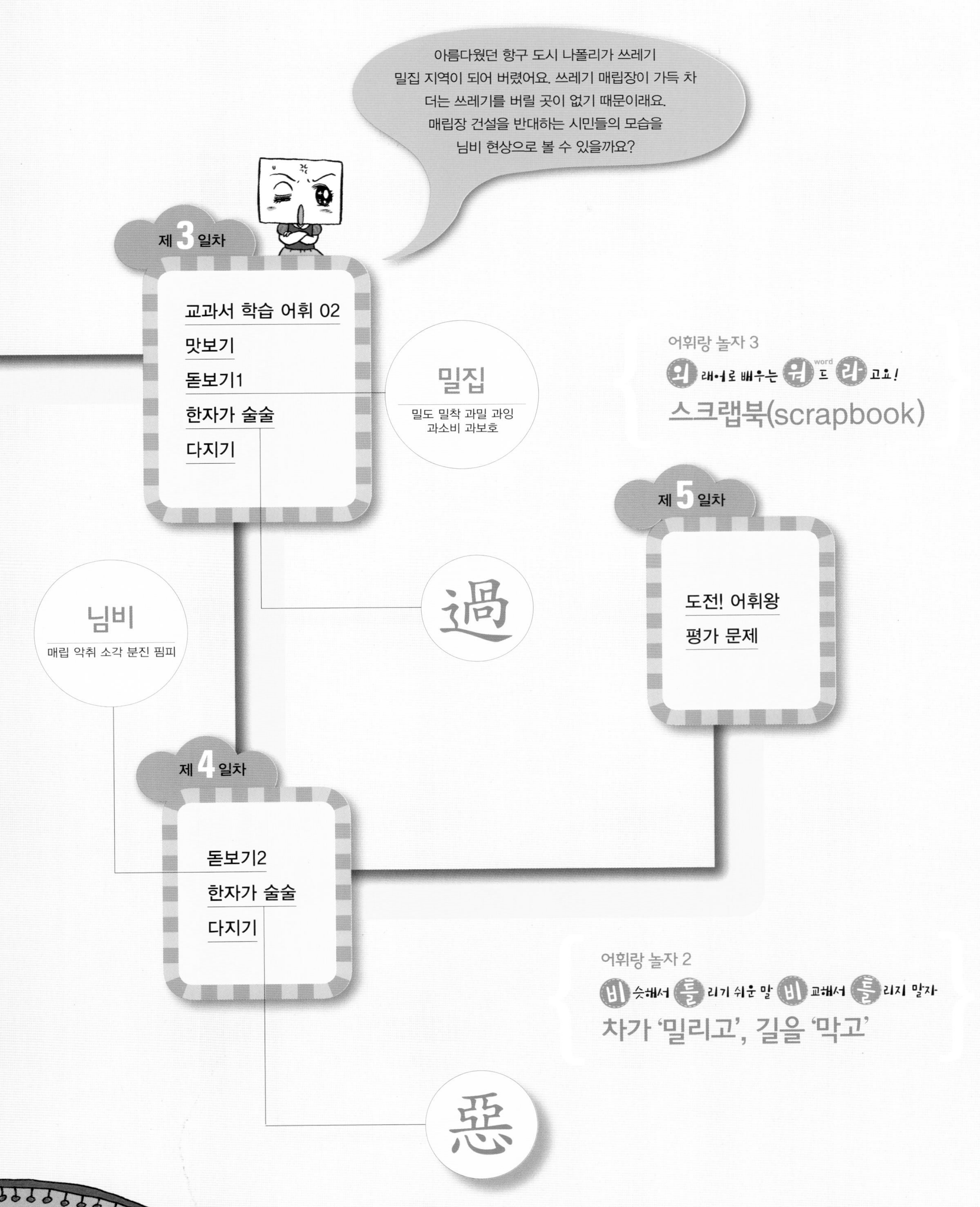
아름다웠던 항구 도시 나폴리가 쓰레기
밀집 지역이 되어 버렸어요. 쓰레기 매립장이 가득 차
더는 쓰레기를 버릴 곳이 없기 때문이래요.
매립장 건설을 반대하는 시민들의 모습을
님비 현상으로 볼 수 있을까요?
제 3 일차
교과서 학습 어휘 02
맛보기
돋보기1
한자가 술술
다지기
밀집
밀도 밀착 과밀 과잉
과소비 과보호
過
님비
매립 악취 소각 분진 핌피
제 4 일차
돋보기2
한자가 술술
다지기
惡
제 5 일차
도전! 어휘왕
평가 문제
어휘랑 놀자 3
외래어로 배우는 워(word)드라고요!
스크랩북(scrapbook)
어휘랑 놀자 2
비슷해서 틀리기 쉬운 말 비교해서 틀리지 말자
차가 '밀리고', 길을 '막고'

교과서 학습 어휘 01

돋보기 집성촌 · 행정

◑ 글 속의 주황색 낱말들은 무슨 뜻일까요? 잘 생각하면서 다음 글을 읽어 보세요.

나는 명절이 정말 싫다.
얼굴도 잘 모르는 친척들에게 인사를 하느라 고개가 너무 아프기 때문이다.
"인사 드려라! 이분은 너의 오촌 아저씨, 저분은 육촌 형님.
아, 저분은 너의 5대조 할아버지의 후손이시고……."
아, 어깨가 뻐근하고 뒷목이 뻣뻣해지기 시작한다.
그때 어떤 할아버지께서 나를 보고 공손히 인사하신다.
"아이고, 아저씨 오셨습니까?"
"아니, 할아버지께서 제 조카라고요?"
당황한 내 머릿속에 '그럼 저분은 나보다도 인사를 더 많이 하셨겠네!' 하는 생각부터 든다.
우리 할아버지께서 살고 계신 이곳은 서울의 마지막 씨족 마을인 청송 심씨 집성촌이다.
예전엔 우리 친척들이 이곳에 모두 모여 살았다는데, 지금은 할머니와 할아버지만 남아 계신다.
우리 식구도 몇 년 전에 서울 중심가로 분가해서 명절 때만 이곳을 찾곤 한다.
하지만 할아버지와 할머니는 틈만 나면 마을의 역사와 전통에 대해 이렇게 말씀하신다.
"우리 가문은 조선 시대 세 분의 왕비와 수많은 정승 판서를 배출한 명문가란다.
이곳이 비록 행정 구역상으로는 서울시에 속해 있지만 도시의 번잡스러움에
전통이 훼손되지 않도록 몸과 마음을 갈고닦아야 하느니라."

◑ 빈칸에 알맞은 낱말을 왼쪽 글의 주황색 낱말 중에서 찾아 써 보세요.
잘 모를 땐 💡를 보거나, ❶~❸에서 골라 쓰세요.

1 씨 족 은 혈연 공동체예요. 조상이 같은 친척들로 구성되어 있어요.

💡 성씨를 뜻하는 한자와, 부족을 뜻하는 한자로 이루어진 낱말이에요.

❶ 흡족 ❷ 씨족 ❸ 만족

2 성씨가 같은 사람들이 모여 사는 마을을 ______ 이라고 해요.

💡 서울에는 유일하게 강일동에 청송 심씨들이 모여 사는 이것이 남아 있어요.

❶ 집성촌 ❷ 외삼촌 ❸ 산지촌

3 아버지는 몇 년 전 할아버지와 할머니로부터 독립해 서울로 ______ 를 하셨어요.

💡 살림을 따로 차려 독립해 나오는 것을 말해요.

❶ 분자 ❷ 분모 ❸ 분가

4 할아버지께서는 우리 집안이 수많은 정승 판서를 배출한 ______ 라고 말씀하세요.

💡 흔히 훌륭한 사람들을 많이 길러 낸 집안을 이르는 말이에요.

❶ 명문가 ❷ 유흥가 ❸ 증권가

5 나라에서 관리하기 좋게 전국을 여러 개의 구역으로 나누어 놓은 것을 ______ 구역이라고 해요.

💡 우리나라는 1개의 특별시, 6개의 광역시, 8개의 도, 1개의 특별자치도 등으로 나뉘어 있어요.

❶ 행복 ❷ 행정 ❸ 행주

6 무엇을 헐거나 깨뜨려서 못 쓰게 만드는 것을 ______ 이라고 해요.

💡 문화재를 이렇게 하는 것은 법으로 금지되어 있어요.

❶ 훼손 ❷ 빈손 ❸ 양손

'집성촌'이란 성씨가 같은 사람들이 모여 사는 마을을 말해.
집성촌 사람들은 조상이 같은 친족들이야.
핏줄로 연결된 사람들은 결속력이 강해서 같이 농사를 짓고
힘들 때 서로 도움을 주고받는 데 그만이었을 거야.
아직도 우리나라 시골에는 집성촌이 많이 남아 있단다.

개떡, 너는 쑥떡 집안이다. 나와 한 핏줄이지.

저는 개떡 집안의 장남인데요.

낱 교 같은 성【姓】을 가진 사람들이 모여【集】 사는 촌락【村】.

예 집성촌은 씨족 공동체에서 유래한 촌락의 형태이다.

낱 은 낱글자 풀이, 교 는 교과서의 뜻이야!

핏줄로 연결된 집단을 '혈연 공동체'라고 한단다.
말하자면 가족이나 친척, 친족 등이 혈연 공동체지.
공동체는 하나라는 생각이 강한 집단인데,
특히 핏줄로 얽힌 혈연 공동체는 더욱 그랬지.
'마을'은 기본적으로 혈연 공동체에서 시작되었단다.
마을을 한자로 '촌락'이라고 해.
촌락 외에도 '부락', '동네' 등이 모두 마을을 뜻하는 말이야.

호흡이 척척 맞네! 혈연 공동체라 그런가 봐.

촌락 한가운데 자리한 나무.

낱 교 같은 핏줄【血】로 이어진 인연【緣】.

낱 교 시골【村】의 마을【落】.

빈칸에 알맞은 낱말을 〈보기〉에서 골라 써 보세요.

〈보기〉 촌락, 집성촌, 혈연

- ❶ (   ) 은 성씨가 같은 사람들이 모여 사는 마을이다.
- 내 동생과 나는 핏줄로 이어진 ❷ (   ) 관계이다.
- 마을을 한자어로 ❸ (   ) 이라고 한다.

제1일차

전라도 지방에서 가장 큰 도시인 광주(光州)는 순 우리말로 '빛고을'이라고 불린단다. '빛마을'이라 하지 않고 '빛고을'이라고 한 것은 고을과 마을이 어떤 차이가 있어서일까? '고을'은 수령이 다스리던 지역을 가리키던 말이란다. 사람들이 모여 사는 마을 중에 수령이 다스리는 곳을 고을이라 했지. 수령(首領)이란 나라에서 지방에 파견했던 관리를 말하는데, 한 지역을 관리하고 세금을 거두어 나라에 바치는 역할을 했어.

수령이 다스리던 지역인 고을.

고을

교 나라에서 관청을 설치하고 관리를 파견했던 지역을 통틀어 일컫는 순 우리말.

예 고을에 새 수령이 부임해 왔다.

낙안 읍성.

왼쪽 사진은 민속 마을로 남아 있는 낙안 읍성이란다. '읍성'은 '성읍'이라고도 하는데, '고을'을 한자로 표현한 말이야. 주변이 성(城)으로 둘러싸인 고을【邑】이라는 뜻이거든. 성을 쌓은 것은 고을을 지키기 위한 것이었지.

낱 교 성【城】으로 둘러싸인 고을【邑】.

예 성읍을 샅샅이 뒤져 범인을 찾아내다.

성읍 중 가장 큰 곳은 임금이 살던 '도읍(都邑)'이야. 도성(都城)이라고도 한단다. 가장 큰 성이 있는 임금이 사는 고을이란 뜻이지. 평양은 고구려의 도읍, 경주는 신라의 도읍이었지. 서울은 옛날에 한양으로 불렸고 조선의 도읍이었단다.

낱 교 한 나라의 수도【都】인 고을【邑】.

예 도읍에는 큰 시장이 있기 마련이지.

빈칸에 알맞은 낱말을 〈보기〉에서 골라 써 보세요.

〈보기〉 고을, 성읍, 도읍

- 관리가 파견된 지역을 뜻하는 순 우리말은 ❶ (   ) 이다.
- 옛날에는 고을의 외곽을 성으로 둘러쌌기 때문에 고을을 한자어로 ❷ (   ) 이라고 한다.
- 임금이 살던 가장 큰 성읍을 ❸ (   ) 이라고 했다.

한자의 뜻과 유래에 대한 설명을 읽고, 한자를 익혀 보세요.

城

준4급

성 성

총 10획 | 부수 土, 7획

중국의 만리장성(萬里長城)은 길이가 1만 리나 된다는,
세계에서 가장 긴 성(城)이야.
처음에는 성을 흙으로 쌓았어.
흙을 높이 쌓아 올려 적의 침입을 막으려고 했던 거지.
성(城)에 들어 있는 흙 토(土)는 이 때문이야.
하지만 후대에 오면서 흙 대신
돌로 성을 쌓아 더 튼튼하게 만들었단다.

만리장성.

한자 암기카드

흙【土】을 높이 쌓아 적에 대한 방어막을 이루니【成】, 성 성.

土 + 成 = 城
흙 토 이룰 성 성 성

誠

준4급

정성 성

총 14획 | 부수 言, 7획

말【言】을 이루려고【成】 정성을 들이니, 정성 성(誠).
정성을 들인다는 뜻의 '성(誠)'은 자기가 한 말【言】이나
계획을 이루려면【成】 정성을 들여야 한다는
의미를 가지고 있는 거야.

'한자 암기카드'를 보고 빈칸에 들어갈 말을 써 보세요.

❶ ( )【土】을 높이 쌓아 적에 대한 방어막을 ❷ ( )【成】, 성 성(城).

城의 뜻은 (성) 이고, 음은 ❸ ( ) 입니다.

城의 어원을 생각하면서 필순에 따라 써 보세요.

城 城 城 城 城 城 城 城 城 城

城	城	城	城	城			

다지기

1 〈보기〉의 ❶~❹에 해당하는 낱말을 따라 길에 줄을 그으세요.

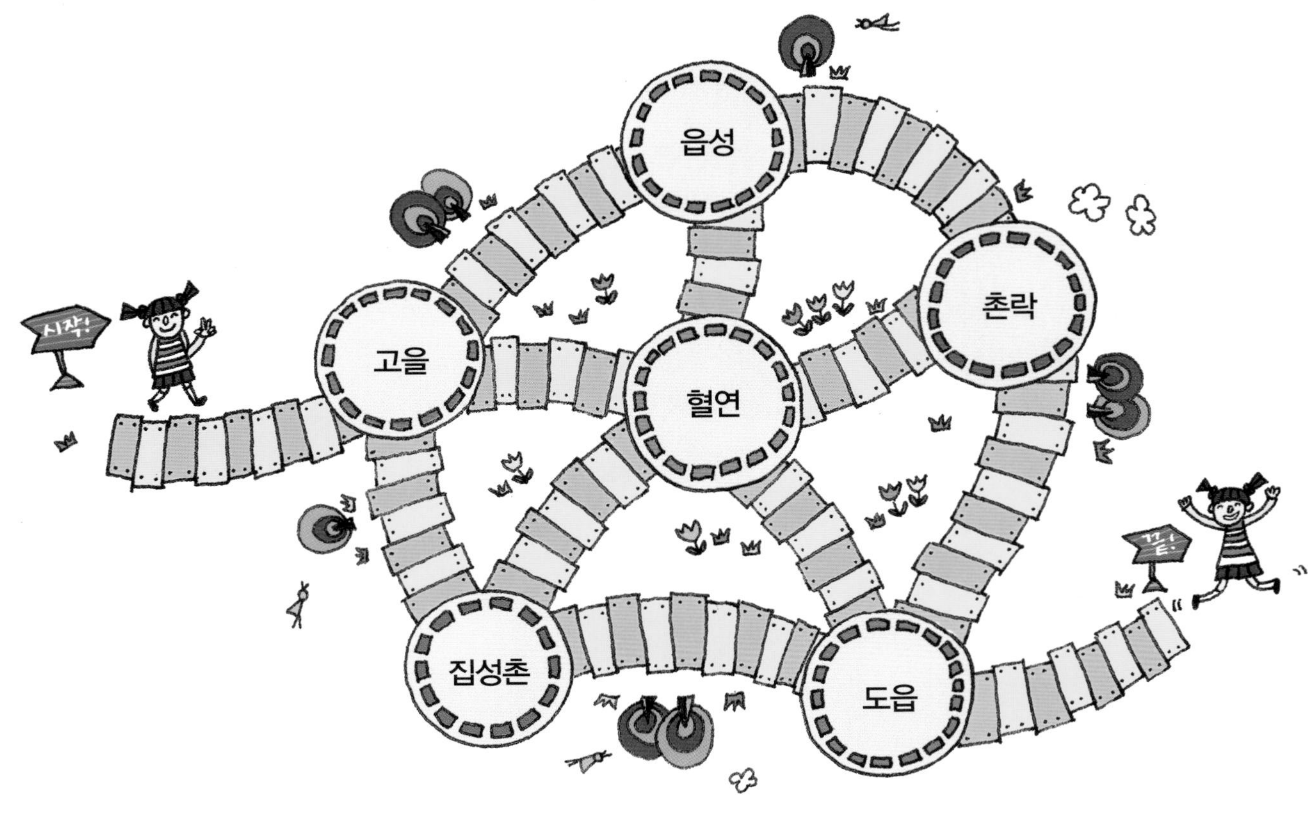

〈보기〉 ❶ 마을 중에서 수령이 다스리던 지역.
❷ 같은 성을 가진 사람들끼리 모여 사는 촌락.
❸ 같은 핏줄로 이어진 인연.
❹ 임금이 사는 고을. 성읍 중 가장 큰 것.

❶은 길이 시작하는 지점에, ❹는 길이 끝나는 지점에 있어요.

2 양쪽 한자에 공통으로 들어 있는 글자를 ❶~❹에서 고르세요.

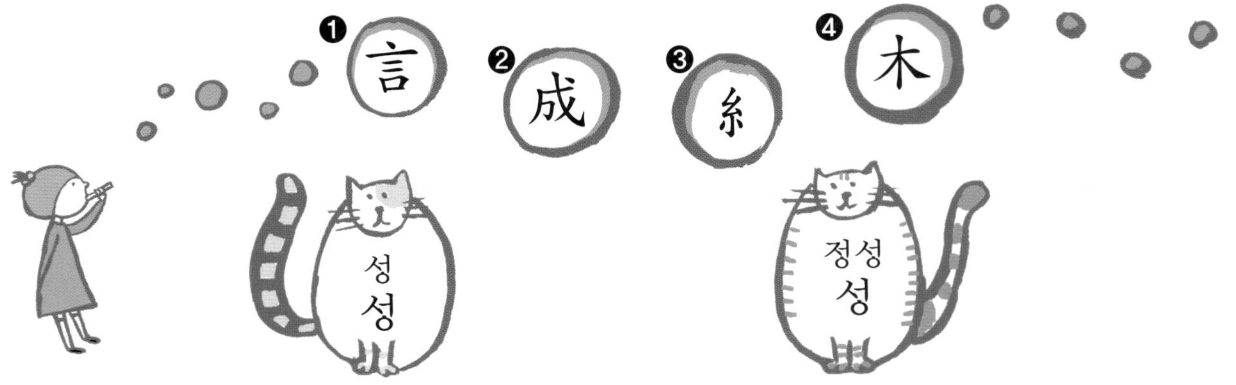

가정에서 부모님이 하시는 일들을 떠올려 보렴.
돈을 벌고, 번 돈으로 저축을 하거나, 생활에 필요한 것들을 구입하지.
주말이면 집 안팎을 청소하고, 고장 난 것들을 고치고…….
이 모든 일들이 가정을 꾸려 나가는 살림살이란다.
나라도 마찬가지야. 나라를 다스리고 움직여 나가려면 많은 일을 해야 해.
나라의 살림살이, 나라를 다스려 나가는 일을 '행정'이라고 한다.

낱 정치【政】를 행함【行】.
교 정부가 법에 따라 나라를 관리하고 경영하는 일.
예 국가의 행정을 책임지는 기관을 행정부라고 한다.

행정에는 많은 분야가 있어. 돈과 관련된 일, 국방과 관련된 일, 복지와 관련된 일……. 이들은 각각 지식경제부, 국방부, 보건복지부 등 '부'로 나뉘어 움직이고, 이들을 통틀어 '행정부'라고 해.
'정부'는 행정부를 줄인 말이지.
고을에 관청이 있었던 것처럼, 행정 구역에는 '행정 기관'이 있어.
시청, 도청, 군청 등은 모두 행정 기관이란다.

행정부의 회의인 국무회의 모습.

낱 교 행정(行政) 사무를 맡아보는 기관(機關).

낱 교 행정(行政)을 맡아보는 부서【府】.

빈칸에 알맞은 낱말을 〈보기〉에서 골라 써 보세요.

〈보기〉 행정, 행정 기관, 정부

- 나라의 살림살이인 ❶ ＿＿ 은 나라를 다스려 나가는 일이다.
- 도청, 시청, 면사무소, 동사무소와 같은 기관을 ❷ ＿＿ ＿＿ 이라 한다.
- 대통령이 최고 책임자인 행정부를 줄여서 보통 ❸ ＿＿ 라고 한다.

땅이 넓고 사람이 많으면 아무래도 나랏일을 세세하게 살필 수 없겠지?
그래서 나라 전체를 잘게 쪼개어 다스리기 편리하도록 나누어 놓는단다.
이것을 '행정 구역'이라고 해. 쉽게 말해 행정을 잘하도록 나누어 놓은 구역이지.

낱 교 행정(行政)을 잘하도록 구역(區域)을 나누어 놓은 것.

나라 전체에 관한 일은 행정부에서 관리하고, 지방에 관한 일은 지방 스스로 운영하도록 하는 것을 '지방 자치 제도'라고 한단다.
우리나라는 지방 자치 제도를 운영하고 있어.
지방 자치 제도에 따라 행정 구역을 '광역 자치 단체(광역 단체)'와 '기초 자치 단체(기초 단체)'로 나누지.
각각의 차이점을 살펴보자.

교 넓은【廣】구역【域】을 다스리는 단체.

경기도 등의 '~도'와 부산 등의 광역시, 그리고 서울특별시를 '광역 자치 단체'라고 해.

예 부산광역시, 광역 버스.

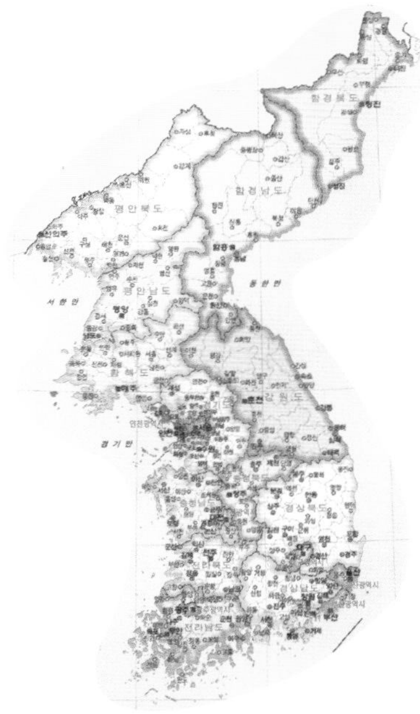

우리나라 행정 구역도.

낱 교 지방 자치의 기초【基礎】가 되는 단체.

광역 단체의 아래에 있는 행정 단위야. 집 주소에서 '시'나 '도' 아래의 '~구', '~군' 등이 기초 단체란다.

예 기초 의회.

빈칸에 알맞은 낱말을 〈보기〉에서 골라 써 보세요.

〈보기〉 기초, 광역, 행정 구역

- 도, 시, 면, 동, 리 등으로 나눈 것을 ❶ 이라고 한다.
- 서울특별시는 지방 자치법에서 ❷ 자치 단체에 해당한다.
- 서울특별시 마포구는 지방 자치법에서 ❸ 자치 단체에 해당한다.

한자의 뜻과 유래에 대한 설명을 읽고, 한자를 익혀 보세요.

4급

구역 역

총 11획 | 부수 土, 8획

옛날에는 크고 작은 전쟁이 끊이지 않았어.
사람들은 적으로부터 땅을 지키려고 흙이나 돌로 울타리를 쌓았지.
그리고 울타리 밑에서 창을 들고 지켰어. 이 모습에서
영역이나 경계를 뜻하는 '역(域)'이란 글자가 나왔단다.
땅【土】에서 혹시【或】라도 있을지 모르는 분쟁을 막기 위하여
나누어 놓은 구역이라는 데에서 생긴 글자야.

한자 암기카드

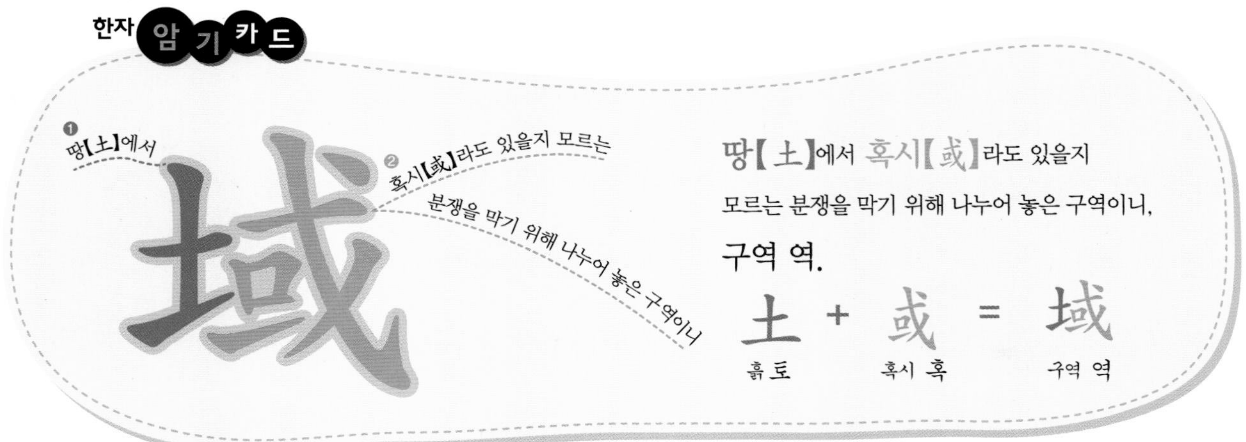

땅【土】에서 혹시【或】라도 있을지
모르는 분쟁을 막기 위해 나누어 놓은 구역이니,
구역 역.

土 + 或 = 域
흙 토 혹시 혹 구역 역

4급

혹시 혹

총 8획 | 부수 戈, 4획

창【戈】 들고 식구【口】와 땅【一】을 지키며 혹시 모를 적의 침입에 대비하니, 혹시 혹(或).
'혹시나?' 의심하고 미심쩍어하는 거야.
식구와 땅이 있는 마을 울타리를 지키려면 적이
오는지 안 오는지 정신을 바짝 차려야 했을 거야.
'혹시 적인가?'라고 생각하면서 말이지.

'한자 암기카드'를 보고 빈칸에 들어갈 말을 써 보세요.

❶ ( )【土】에서 ❷ (   )【或】라도 있을지 모르는 분쟁을 막기 위해 나누어 놓은 구역이니, 구역 역(域).

域의 뜻은 구 역 이고, 음은 ❸ ( ) 입니다.

域의 어원을 생각하면서 필순에 따라 써 보세요.

域 域 域 域 域 域 域 域 域 域 域

域 域 域 域 域

다지기

1 돌담 안에 든 낱말 가운데 ❶~❸의 뜻에 맞는 낱말을 찾아 ◯로 묶고, 빈칸에 낱말을 쓰세요.

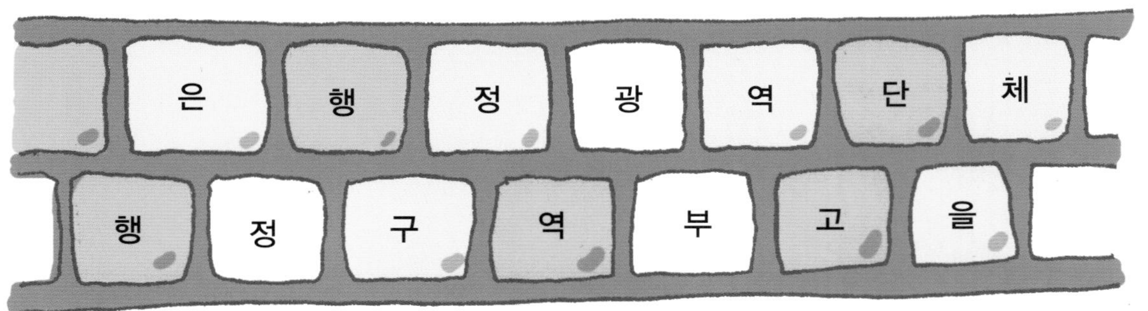

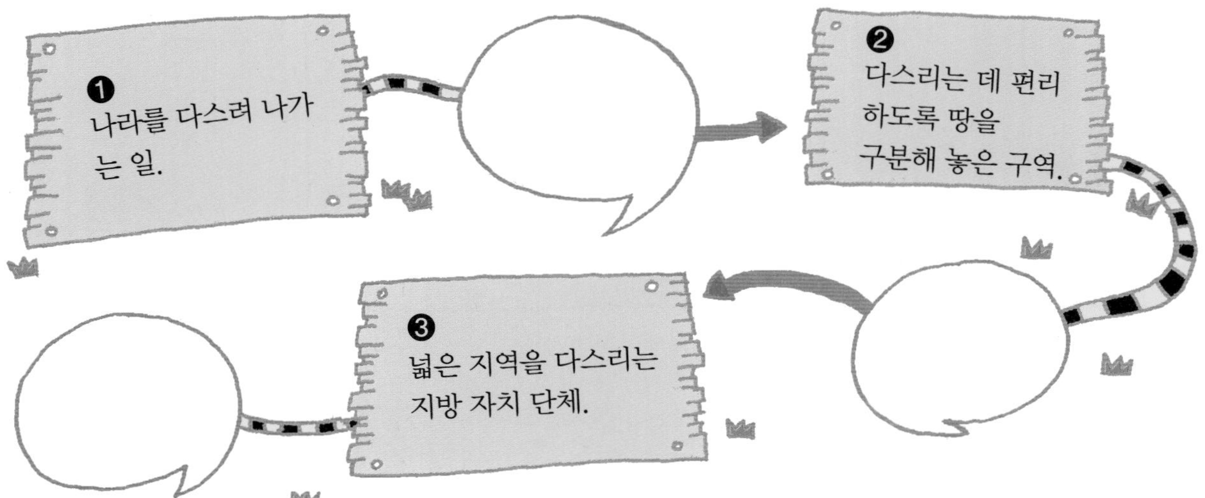

나란히 붙어 있는 글자로 된 낱말이에요.

2 〈보기〉의 한자를 완성하려면 어떤 글자 조각이 필요한지 ❶~❹에서 고르세요.

〈보기〉 땅에서 혹시라도 있을지 모르는 분쟁을 막기 위해 나누어 놓은 구역이니, 구역 역.

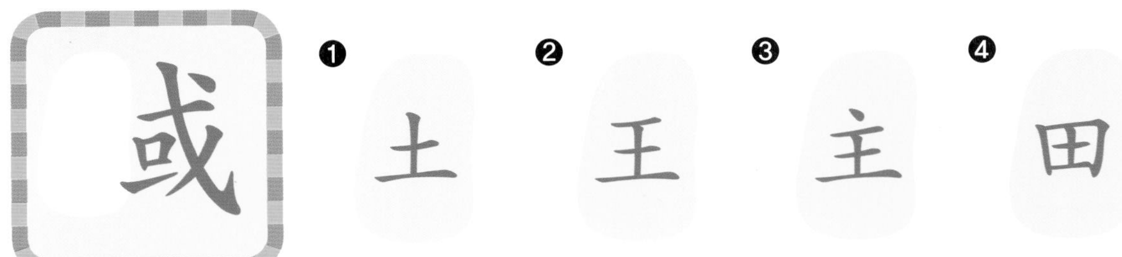

참새가 방앗간을 그저 지나랴

얼마죠?!
살게요!
주세요!

그래서….

사라는 건 하나도 안 사고,
엉뚱한 것만 샀다고?
가래 모자
참

그야말로 참새가 방앗간을
그냥 지나치지 못했군!!
짹?

곡식을 찧거나 빻는 방앗간엔 곡식 낟
알들이 많이 떨어져 있어서, 참새가
군침을 흘리며 그냥 지나치지 않지.
먹이 발견!
방앗간

그래서 '참새가 방앗간을 그저 지나랴'
란 자기가 좋아하는 곳을 그냥 지나치
지 못한다는 뜻의 속담이야.
그냥 갈 수 없지!

가래떡과 관련된 물건이면
지나치질 못하니, 너랑 딱
맞는 속담 아니겠니?

그래도 사 왔으니,
알뜰하게 써야지, 뭐!
촉
이게 인형이야?
베개야?
참기름

돋보기 밀집 · 님비

◑ 글 속의 주황색 낱말들은 무슨 뜻일까요? 잘 생각하면서 다음 글을 읽어 보세

파비오(Fabio)는 나폴리에 살아요.
나폴리는 세계 3대 미항(美港)으로 불리는 아름다운 항구 도시예요.
사시사철 찾아오는 관광객들로 붐비는 인구 밀집 지역이지요.
그런데 몇 달 전부터 나폴리는 사람 대신 쓰레기가 가득한 곳이 되어 버렸어요.
쓰레기 매립장이 이미 가득 차서 수거한 쓰레기를 버릴 곳이 없기 때문이죠.
쓰레기 때문에 관광객은 80% 이상 줄었어요.
정부는 나폴리에 쓰레기 매립장을 더 지으려고 하지만
나폴리 시민들은 격렬하게 반대하고 있어요.
정부는 시민들이 매립장 건설을 반대하는 것은 이기적인 '님비' 현상이라고 비난해요.
하지만 나폴리 시민의 입장은 달랐어요.
"나폴리에 매립장이 부족한 게 아니야. 정부가 마피아에게 운영권을 맡긴 게 문제라고.
그들이 돈을 받고 다른 지역의 쓰레기를 나폴리 매립장에 묻어서
정작 우리 쓰레기는 갈 곳이 없어진 거야."
파비오는 아빠 말씀이 옳다고 생각해요.
쓰레기 처리를 마피아에게 맡긴 정부가 잘못인데,
오히려 시민들을 이기주의자로 모는 것은 말도 안 되는 일이에요.

◑ 빈칸에 알맞은 낱말을 왼쪽 글의 주황색 낱말 중에서 찾아 써 보세요.
잘 모를 땐 💡를 보거나, ❶~❸에서 골라 쓰세요.

1 나폴리는 세계 3대 미 항 중 하나여서 관광객들로 붐볐지요.

💡 경치가 매우 아름다운 항구를 말해요.

❶ 어항 ❷ 미항 ❸ 저항

2 농촌에 비해 도시는 인구 ______ 지역이다.

💡 빈틈없이 빽빽하게 모여 있는 것을 말해요.

❶ 밀집 ❷ 밀림 ❸ 밀수

3 호수나 바다에 흙을 ______ 해서 땅으로 만들기도 해요.

💡 우묵하게 파인 곳에 무엇을 묻어 메우는 것이에요.

❶ 매미 ❷ 매립 ❸ 매실

4 재활용 쓰레기를 분리하여 거두는 일을 '쓰레기 분리 ______ '라고 하지요.

💡 거두어 간다는 뜻으로 쓰레기를 거두어들일 때 많이 쓰는 낱말이에요.

❶ 수거 ❷ 수리 ❸ 수사

5 다른 사람이 피해를 당해도 자신의 이익만 생각하는 것을 ______ 적이라고 말해요.

💡 귀찮다고 쓰레기를 아무 데나 버리는 것은 이런 행동이에요.

❶ 이기 ❷ 저기 ❸ 여기

6 ______ 란 영어 "Not In My Back Yard"의 각 낱말 첫 글자를 따서 만든 말이에요.

💡 쓰레기 매립장, 소각장 등과 같은 시설이 내가 사는 동네에 들어서면 절대 안 된다는 주장이에요.

❶ 차비 ❷ 님비 ❸ 낭비

돋보기 1 관광객들로 붐비는 인구 밀집 지역이지요

'밀집'은 무엇이 빽빽하게【密】 모여【集】 있는 것을 말해.
'밀(密)'은 빽빽해서 빈틈이 없다는 뜻이야.
시골에 비해 도시에는 밀집되어 있는 것이 많아.
사람, 자동차, 건물, 공해, 쓰레기까지…….
특히 서울은 1000만 명이 넘는 사람들이 밀집해서 살고 있어.

낱교 빈틈없이 빽빽하게【密】 모여 있음【集】.

예 북촌 한옥 마을에는 960여 채의 한옥이 밀집해 있다.

'밀(密)'을 붙이면 '아주 가깝게', '빈틈이 없이 빽빽한' 상태를 나타내.
빽빽한 정도를 '밀도(密度)'라고 하는데, 도시는 시골보다 밀도가 높은 곳이지.
도시를 상징하는 아파트는 집들이 서로서로 '밀착'되어 있지만
정작 그 집에 사는 사람들의 관계는 밀접하지 않아.
인구가 '과밀'한데도 마음은 외로운 곳이 도시가 아닐까 싶어.

낱교 빽빽한【密】 정도【度】.

어떤 공간에 들어 있는 물질의 빽빽한 정도를 말해.

예 시골에 비해 도시는 인구 밀도가 높아.

낱교 가깝게【密】 달라붙음【着】.

마치 달라붙은 것처럼 아주 가깝게 붙어 있는 상태를 말해.

예 연예인을 너무 밀착 취재하는 것은 사생활 침해일 수도 있어.

낱교 지나치게【過】 빽빽함【密】.

한곳에 지나치게 빽빽하게 모여 있는 것을 말해.

예 옛날에는 교실 수에 비해 학생 수가 너무 많아서 과밀 학급이었어.

쏙쏙 문제

빈칸에 알맞은 낱말을 〈보기〉에서 골라 써 보세요.

〈보기〉 밀집, 밀착, 과밀

- 빈틈없이 빽빽하게 모여 있는 것을 ❶ ______ 이라고 한다.
- ❷ ______ 은 아주 가깝게 붙어 있는 상태를 말한다.
- 한곳에 너무 많이 모여 있으면 ❸ ______ 이다.

'과밀(過密)'에서 쓰인 지나칠 과(過) 또한 빽빽할 밀(密)과 함께 도시의 특징을 잘 나타내 주는 말이야.

> 도시에는 사람도 자동차도 빌딩도 아파트도, 심지어 쓰레기까지 '과잉'이야. 물건도 지나치게 많아서 사람들이 알게 모르게 과소비를 하게 만들어. 또 극소수의 부모들은 아이들을 과보호해서 서로 어울려 놀지 못하게 하지.

낱 교 지나치게【過】 많아서 남음【剩】.

너무 많아서 남을 정도의 상태가 '과잉'이야. 지나칠 정도로 많은 것은 사람을 부담스럽게 하지. 친절한 것은 좋지만 '과잉 친절'은 부담스럽잖아?

예 도시의 인구 과잉 문제는 항상 골칫거리가 된다.

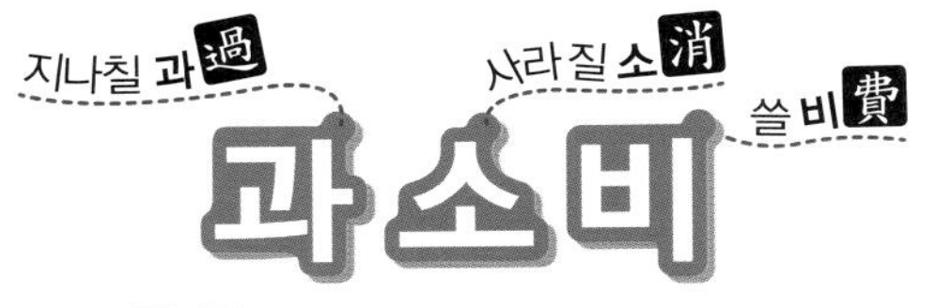

낱 교 분에 넘치게【過】 소비(消費)함.

'소비'는 경제 활동의 중요한 부분이야. 하지만 분에 넘치는 과소비는 많은 문제를 일으킨단다. 소득과 수입을 고려하여 적당히 소비하는 것이 중요해.

예 무분별한 과소비가 국가 경제를 위협하고 있다.

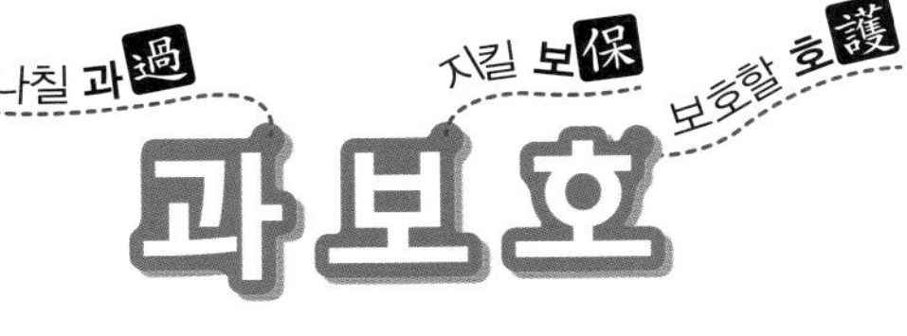

낱 교 지나칠【過】 정도로 보호(保護)함.

'과보호'는 지나치게 돌봐 준다는 뜻이야. 과보호 속에 자란 아이는 혼자서는 아무것도 못 하게 되지. 무슨 일이든 엄마의 눈치를 보게 되거든.

예 과보호는 아이를 의존적으로 만든다.

빈칸에 알맞은 낱말을 〈보기〉에서 골라 써 보세요.

〈보기〉 과보호, 과잉, 과소비

- 친절이 지나친 ❶ ________ 친절은 상대방에게 부담을 준다.
- 자기의 분수를 넘어 돈을 쓰고 물건을 사들이면 ❷ ________ 이다.
- 지나치게 보호하는 일, 즉 ❸ ________ 는 의존적인 사람을 만든다.

한자의 뜻과 유래에 대한 설명을 읽고, 한자를 익혀 보세요.

過

5급

지나칠 과

총 13획 | 부수 辶, 9획

과(過)는 '지나다, 지나치다, 허물'이라는 뜻이야.
술을 한 잔 정도 마시는 것은 혈액 순환에 도움이 된다고 해.
하지만 지나치게 많이 마시는 과음은 좋지 않아.
술을 지나치게 많이 마시면 입이 비뚤어지고【咼】 걸음도
느려지지【辶】. 잘못하면 건강을 해치게 되고 말이야.

한자 암기카드

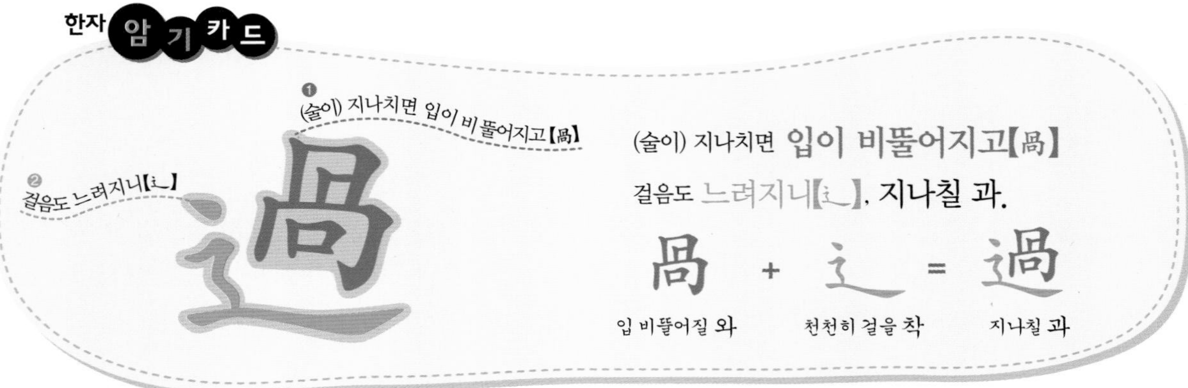

(술이) 지나치면 입이 비뚤어지고【咼】
걸음도 느려지니【辶】, 지나칠 과.

咼 + 辶 = 過
입 비뚤어질 와 / 천천히 걸을 착 / 지나칠 과

엄마께서 떡볶이를 해 주셨어.
맛있다고 먹고 또 먹다 보면 꼭 탈이 나.
오히려 적게 먹는 것보다 못하단다.
'과유불급(過猶不及)'은 너무 지나치면
모자란 것과 같다는 뜻이야.
정도껏 해야 한다는 말이지.

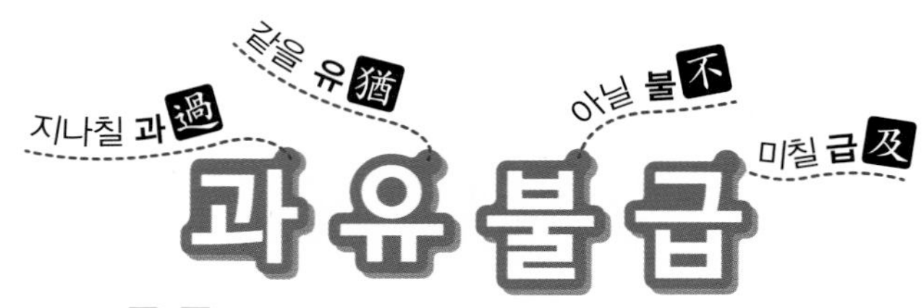

낱 교 지나친【過】 것은 모자란【不及】것과 같음【猶】.
예 과유불급이니, 뭐든지 욕심을 부려서는 안 된다.

'한자 암기카드'를 보고 빈칸에 들어갈 말을 써 보세요.

(술이) 지나치면 ❶ ( )이 비뚤어지고【咼】 ❷ (   )도 느려지니【辶】, 지나칠 과(過).

過의 뜻은 지 나 치 다 이고, 음은 ❸ ( ) 입니다.

過의 어원을 생각하면서 필순에 따라 써 보세요.

過 過 過 過 過 過 過 過 過 過 過 過 過

過	過	過	過	過			

1

❶~❺의 뜻에 맞는 낱말이 되도록 흰 접시 안에 알맞은 글자를 쓰세요.

❶ 한곳에 지나치게 빽빽하게 모여 있는 것. 예) ○밀 학급.

❷ 빽빽한 정도. 예) 이 용액은 밀○가 높다.

❸ 아주 가깝게 단단히 붙어 있는 상태. 예) 밀○ 수비

❹ 너무 많아 남을 정도의 상태. 예) 과○ 친절은 오히려 부담스럽다.

❺ 너무 많이 먹는 것. 예) 과○으로 배탈이 났다.

도, 잉, 착, 식
위 네 글자 가운데
하나를 골라 쓰세요.

2

왼쪽에 음뜻이 주어진 한자를 오른쪽 빈칸에 쓰세요.

돋보기 2 매립장 건설을 반대하는 것은 이기적인  현상이라고 비난해요

모두에게 필요한 시설인데 우리 동네에만은
안 된다고 생각하는 것을 '님비(NIMBY)'라고 해.
영어 " Not In My Back Yard"의 첫 글자를 따서 낱말을 만들었단다.
우리말로 옮기면 "내 뒷마당만은 안 돼"라는 뜻이야.
쓰레기 매립장, 소각장, 화장터 같은 시설들이 들어서면
냄새, 먼지, 공해 등이 동네의 환경을 나쁘게 만든다는 이유로 반대를 많이 해.

쓰레기 매립장.

Not In My 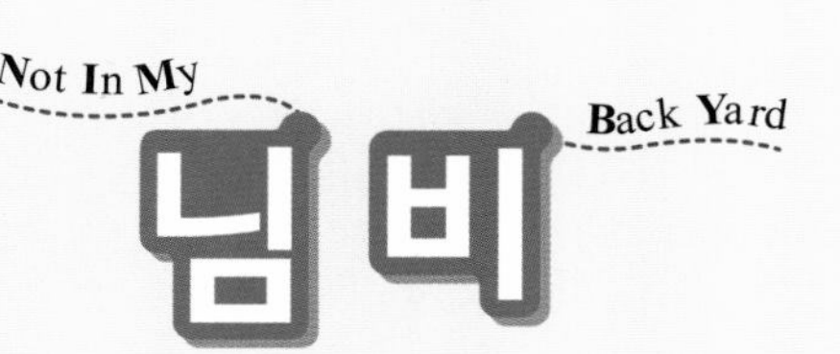 Back Yard

낱 "내 뒷마당만은 안 돼"라는 영어 구절.
교 공공의 이익에는 부합하지만 자신이 속한 지역에는 이롭지 않은 일을 반대하는 행동.
예 자기 동네에 쓰레기 소각장 설치를 반대하는 것은 님비 현상이라고 볼 수 있다.

공장과 집에서 나온 쓰레기를 어떻게 처리하느냐 하는 문제는 골치 아픈 숙제처럼
도시의 관리자들을 괴롭혀 왔어. 쓰레기를 묻거나 태우거나 간에 환경을 해칠 수밖에 없거든.

묻을 매 埋 설 립 立
매립

낱 교 우묵하게 파인 땅에 무엇을 묻어【埋】메워 올림【立】.

'매립'은 우묵하게 파인 땅을 메우는 것을 말해. 쓰레기 '매립'이라면 파인 땅을 쓰레기로 채우는 것이지.

예 바다를 매립해 논을 만들었다.

나쁠 악 惡 냄새 취 臭

낱 교 나쁜【惡】냄새【臭】.

쓰레기를 쌓아 두면 고약한
냄새가 코를 찔러.
이런 나쁜 냄새를 '악취'라고 해.

예 집 안에 악취가 진동한다.

쏙쏙 문제

빈칸에 알맞은 낱말을 〈보기〉에서 골라 써 보세요.

〈보기〉 매립, 악취, 님비

• 쓰레기 ① ______ 장이 들어선다는 계획이 발표되자 온 동네 주민들이 들고일어났다.
쓰레기를 잘못 처리하면 ② ______ 등으로 고통을 받을 수 있기 때문이다.
이런 시설이 들어오지 못하게 반대하는 것을 ③ ______ 현상이라고 한다.

쓰레기를 태워 없앤다면 매립한 쓰레기에서 나오는 악취는 피해 갈 수 있어. 그렇다고 쓰레기를 다 태워 버릴 수는 없단다. 쓰레기를 태우면 몸에 해로운 물질이 나오기 때문이지.

낱 교 불에 태워서【燒】 없애 버림【却】.

예 쓰레기 소각은 반드시 지정된 소각장에서만 해야 한다.

쓰레기 '소각'은 말 그대로 쓰레기를 태워 없애 버리는 것이야. 재활용할 수 있는 것은 골라내고 불에 타는 재질로 된 것은 불태우지.

낱 교 가루【粉】와 먼지【塵】.

예 석탄 분진은 사람의 폐에 쌓인다.

'분진'은 먼지를 말해. 소각장에서 쓰레기를 태울 때 어마어마한 분진이 나와. 미세한 먼지들은 사람이 숨 쉴 때 폐에 들어가 쌓여 질병의 원인이 되기도 해.

사람들은 쓰레기 소각장 같은 시설이 들어서는 것을 거세게 반대하지. 하지만 그와 반대되는 경우도 있어. 이득이 되는 산업 단지나 문화 시설은 자신이 사는 지역에 유치하려고 애쓴단다. 이렇게 님비와는 반대되는 현상을 '핌피(PIMFY)' 현상이라고 해. 영어 "Please In My Front Yard(제발 우리 집 앞마당으로 부탁해요)"의 첫 글자를 따서 만든 말이야.

낱 "제발 우리 집 앞마당으로 부탁해요"라는 영어 구절.

교 수익성 있는 사업을 자신의 지역에 유치하려는 행동.

예 핌피는 님비와 반대되는 현상이다.

쏙쏙 문제

빈칸에 알맞은 낱말을 〈보기〉에서 골라 써 보세요.

〈보기〉 분진, 소각, 핌피

- 불에 타는 쓰레기는 소각장에서 ❶ ______ 해야 한다. 그런데 쓰레기를 태울 때 나오는 ❷ ______ 은 반드시 처리되어야 하기 때문에 특별한 장치를 갖춘 소각장에서만 쓰레기를 태워야 한다.
- 정부가 큰 혜택을 주겠다고 하자 서로 자기 지역에 유치하겠다고 하는 ❸ ______ 현상이 나타났다.

한자의 뜻과 유래에 대한 설명을 읽고, 한자를 익혀 보세요.

惡

5급

악할 악
미워할 오

총 12획 | 부수 心, 8획

악(惡)에 있는 아(亞)는 동서남북으로 방을 낸 무덤을 본뜬 글자야. 옛날에는 왕이나 왕족을 무덤【亞】에 묻을 때 혼자 묻지 않았어. 시중들던 사람들까지 죽여서 함께 묻었단다.
백성들은 산 사람까지 죽여서 무덤에 묻는 것은 악한 일이라고 생각했을 거야. 당연히 무덤도 나쁘다고 생각하고 미워했겠지. 그래서 악할 악(惡)이 미워할 오(惡)로도 쓰이게 된 거야.

亞 모양으로 방을 낸 대가야 무덤.

산 사람을 무덤【亞】에 함께 묻는 것은 악한 마음【心】이니, 악할 악. 그래서 미워하니, 미워할 오.

亞 (무덤 모양) + 心 마음 심 = 惡 악할 악 미워할 오

'혐오'는 싫고 미워하는 감정이 아주 심한 정도를 나타낸단다. 동물을 학대하고 자연을 파괴하는 사람들을 보면 혐오하는 감정이 일어나지.

낱·교 싫어하고【嫌】 미워함【惡】.

'한자 암기카드'를 보고 빈칸에 들어갈 말을 써 보세요.

산 사람을 ❶ ( ) 【亞】에 함께 묻는 것은 악한 ❷ ( ) 【心】이니, 악할 악(惡). 그래서 미워하니, 미워할 오(惡). 惡의 뜻은 악하다, 미워하다 이고, 음은 ❸ ( ), ❹ ( ) 입니다.

惡의 어원을 생각하면서 필순에 따라 써 보세요.

惡 惡 惡 惡 惡 惡 惡 惡 惡 惡 惡 惡

惡 惡 惡 惡 惡

1

❶~❸에서 사다리를 타면 같은 색의 빈칸이 나와요.
❶~❸의 뜻에 맞는 낱말이 되도록 빈칸에 알맞은 글자를 쓰세요.

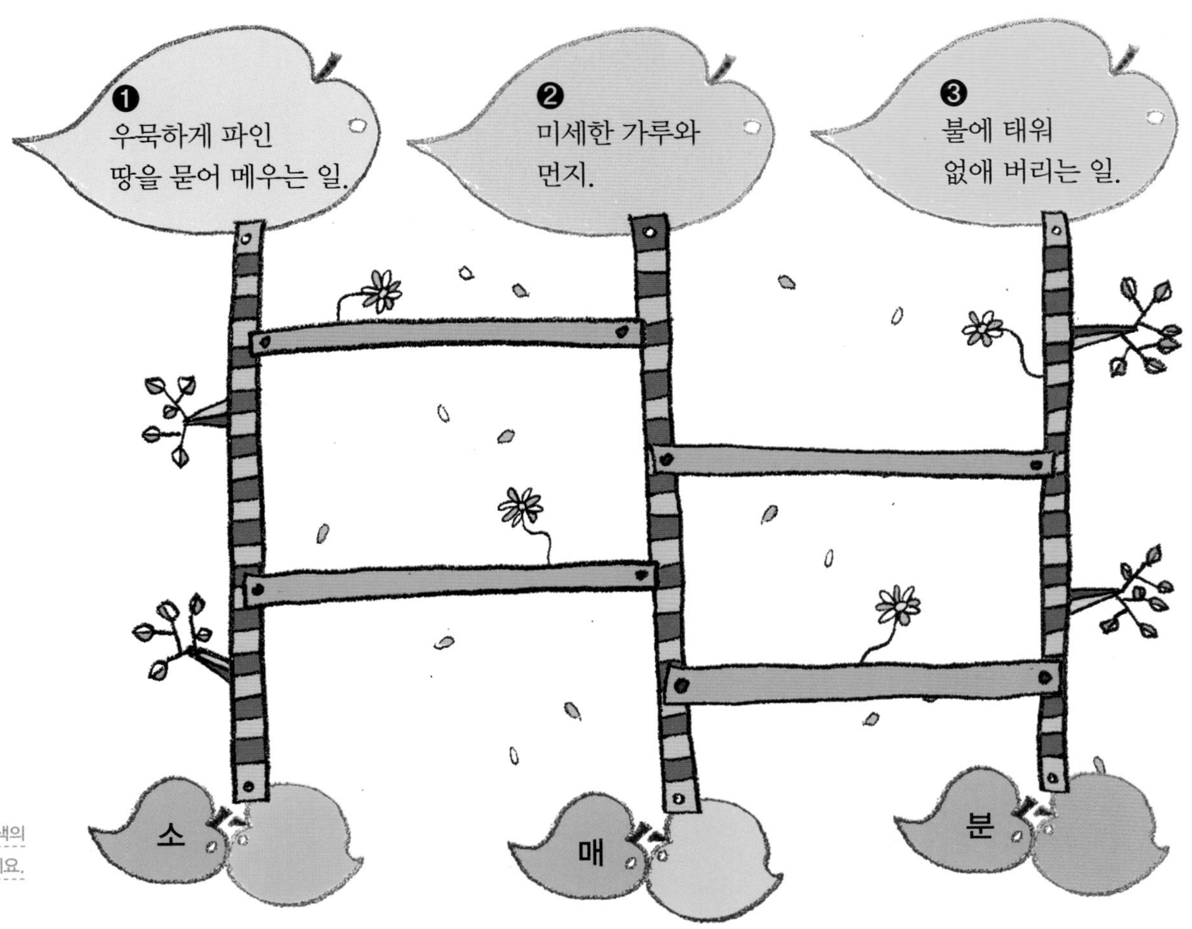

사다리 타기가 어려우면 같은 색의 빈칸을 찾아가세요.

2

주어진 문장 속에서 '악, 오(惡)'의 두 가지 뜻을 찾아 ◯ 표 하고, 빈칸에 뜻을 쓰세요.

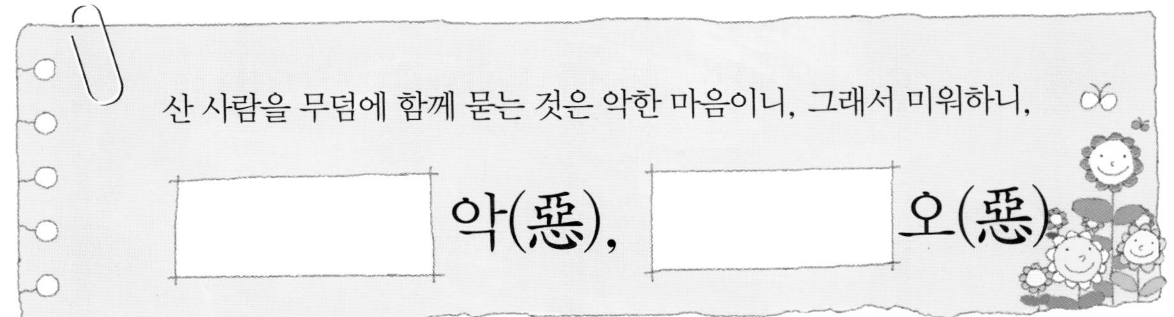

아이스에이지 2를 보고 나서

<아이스에이지 2를 보고 나서>

이 영화는 동물의 멸종과 지구 온난화에 대해 다루고 있다. 매니는 멸종 위기에 놓인 맘모스이다('매머드이다'라고 쓴단다.). 멸종을 피하기 위해 앨리를 사귀고 시퍼('싫어'라고 써야겠지.) 하는데 앨리는 처음에 마음을 닿았다('닫았다'라고 쓴단다.) 지구 온난화는 온실 가스 때문이라고 하는데 차가 막힐('밀릴'이라고 쓴단다.) 때나 에어컨을 많이 쓸 때 생기는 거다. 우리도 멸종되지 않으려면 여름에 에어컨을 많이 쓰지 않도록 해야겠다.

*이 글은 초등학교 4학년 어린이가 쓴 영화 감상문입니다.

차가 '밀리고', 길을 '막고'

차는 '막다'가 아니라 '밀리다'로 써야 한단다.
길이나 통로를 통하지 못하게 하는 경우에 '막다'를 쓰는 거야.
'밀리다'는 처리하지 못한 일이나 물건이 쌓일 때,
해야 하는 것이나 일이 뒤처지게 되는 경우에 쓴단다.

차가 왜 이렇게 밀리지?

밀리다

- 교통 체증으로 차가 뒤로 쌓이다.
  - 예 차가 많아서 밀린다.
- 일을 제때 처리하지 못하다.
  - 예 일이 밀려서 약속에 가지 못했다.

막다

- 길이나 통로가 통하지 않다.
  - 예 위험해서 입구를 막았다.
- 어떤 대상에 미치지 못하게 하다.
  - 예 햇빛이 너무 강해서 손으로 막았다.

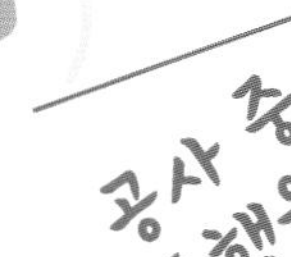
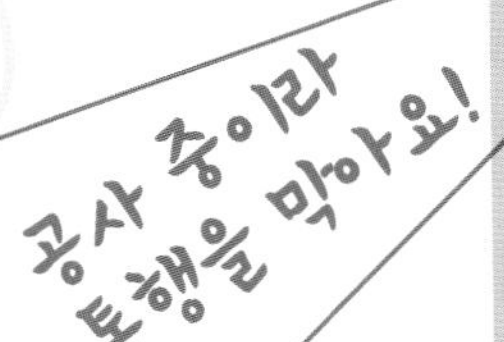

공사 중이라 통행을 막아요!

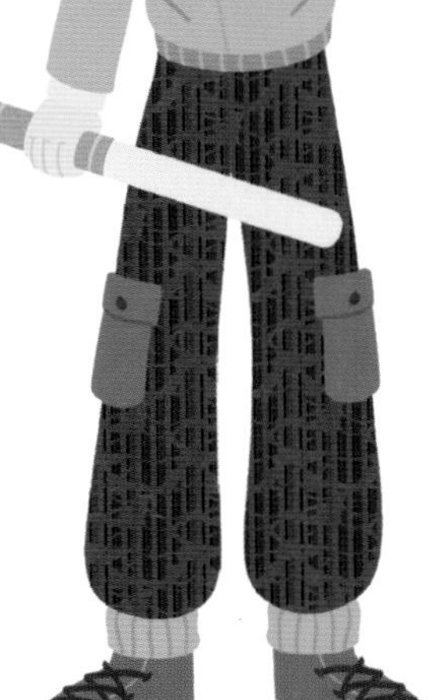

1 ❶~❸에서 이어진 길을 따라가면 두 글자로 된 낱말이 완성됩니다. 그 낱말을 알맞은 뜻과 이으세요.

❶ 과
❷ 밀
❸ 촌

락
집
잉

빈틈없이 빽빽하게 모여 있음.

시골의 마을.

너무 많아서 남을 정도의 상태.

완성된 세 낱말은 과잉, 밀집, 촌락입니다.

2 양쪽 한자에 공통으로 들어 있는 글자를 ❶~❹에서 고르세요.

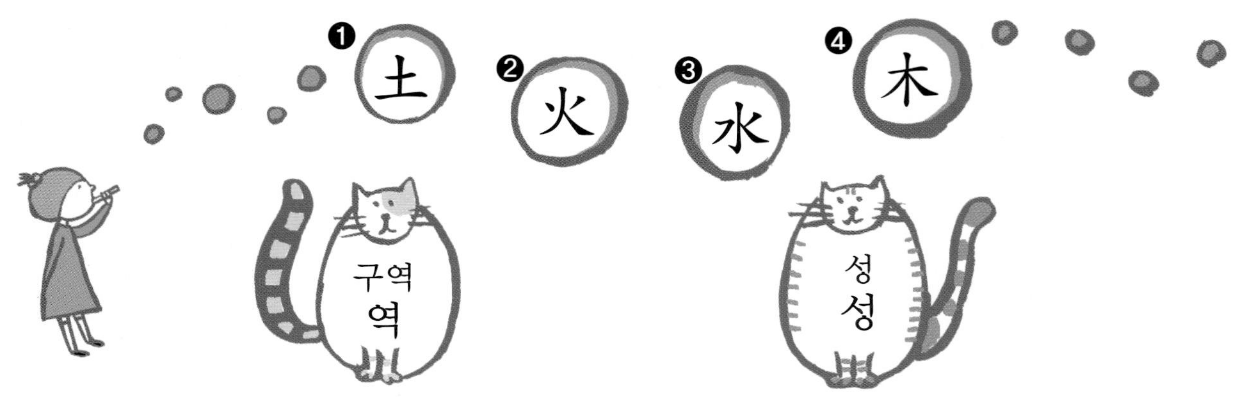

제 5 일차

3

돌담 안에 든 낱말 가운데 ❶~❸의 뜻에 맞는 낱말을 찾아 ⬭로 묶고, 빈칸에 낱말을 쓰세요.

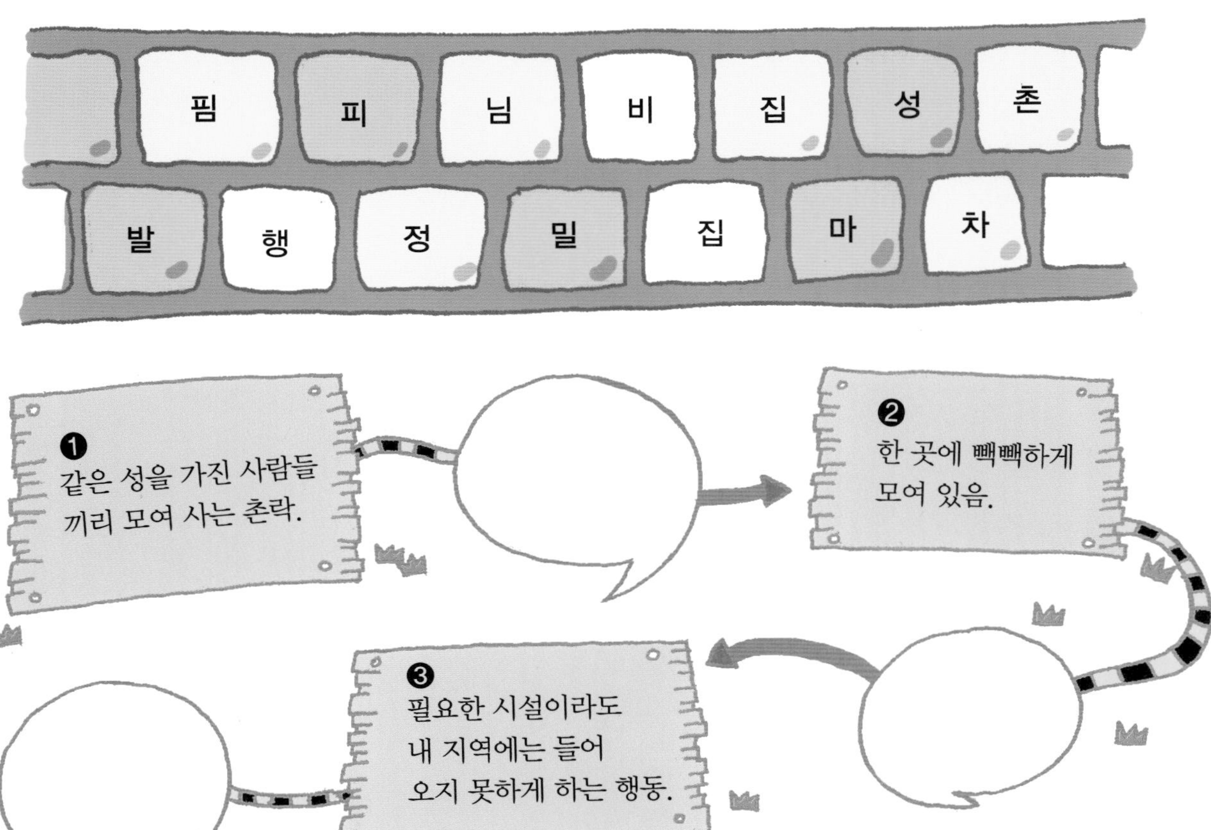

나란히 붙어 있는 글자로 된 낱말이에요.

4

〈보기〉에서 설명하는 한자를 빈칸에 각각 쓰세요.

〈보기〉 ❶ (술이) 지나치면 입이 비뚤어지고 걸음도 느려지니, 지나칠 과.
❷ 산 사람을 무덤에 함께 묻는 것은 악한 마음이니, 악할 악.

❶ ❷

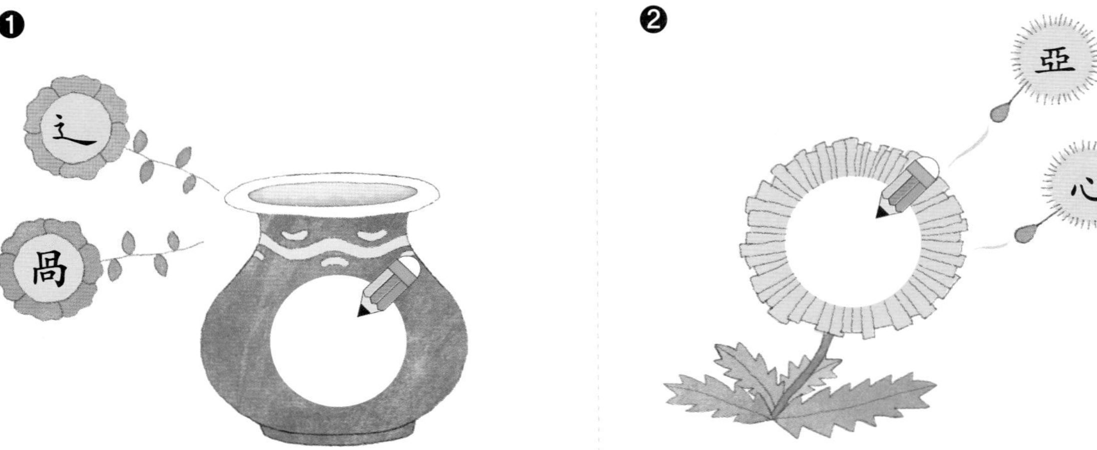

바깥쪽에 있는 글자들을 합치면 한자의 모양을 알 수 있어요.

평가 문제

1~4 다음 글을 읽고 물음에 답하세요.

인석이네 분단 친구들은 외적의 침입을 물리치기 위하여 쌓은 ㉠**읍성**을 살펴보러 갔다. 읍성은 고을을 지키기 위해 쌓은 ㉡**성**으로, 평지와 산기슭을 감싸도록 쌓았다.
이 외에도 ㉢**도읍지**를 지키기 위해 쌓은 도성, 산의 능선을 따라 쌓은 산성, 국경에 산과 산을 연결하여 쌓은 장성 등이 있다.

1. ㉠에 대한 설명으로 바르지 않은 것을 고르세요. (　　　　)

❶ 흙이나 나무, 돌로 쌓는다.
❷ 고을을 지키기 위해 쌓는다.
❸ 외적의 침입을 물리치려고 쌓는다.
❹ 평지와 산기슭을 감싸도록 쌓는다.
❺ 국경에 산과 산을 연결하여 쌓는다.

2. ㉡의 한자로 바른 것을 고르세요. (　　　　)

❶ 成　❷ 城　❸ 誠
❹ 或　❺ 域

3. ㉢과 가장 가까운 뜻의 낱말을 고르세요. (　　　　)

❶ 촌락　❷ 수도　❸ 고장
❹ 행정부　❺ 대통령

4. 위 글에서 '수령이 다스리는 마을'이란 뜻의 낱말을 찾아 쓰세요.

(　　　　　　　　　　)

5. 〈보기〉의 뜻을 가진 낱말을 세 글자로 쓰세요.

〈보기〉 같은 성을 가진 사람들이 모여 사는 마을

(　　　　　　　　　　)

6 ~ 8 빈칸에 알맞은 낱말을 〈보기〉에서 골라 쓰세요.

〈보기〉 님비, 핌피, 촌락

6. 정부는 시민들이 쓰레기 소각장 건설을 반대하는 것은 이기적인 (　　　　　) 현상이라고 비난합니다.

7. 요즘 지자체들은 자기 지역에 수익성 있는 사업을 유치하기 위해 발 벗고 나서는데, 이런 현상을 (　　　　　)라고 합니다.

8. 도시와 (　　　　　)은 주택과 인구 밀도 등에서 많은 차이가 납니다.

9 ~10 다음 글을 읽고 물음에 답하세요.

경기도의 '경기'라는 말은 옛날 임금이 사는 곳 주변의 땅을 부르던 말이다. 서울특별시는 1946년에, 인천광역시는 1981년에 경기도에서 분리되는 등 (㉠) 구역상의 많은 변화를 거쳐 오늘날에 이르렀다.

9. **㉠에 들어갈 말은 무엇인지 고르세요. (　　　　　)**

❶ 교통　❷ 청정　❸ 행정
❹ 제한　❺ 경비

10. **경기도나 서울특별시와 같은 행정구역을 무엇이라고 부르는지 네 글자로 쓰세요.**

(　　　　　　　　　　)

스크랩(scrap)+북(book)
스크랩북(scrapbook)

스크랩북scrapbook이 뭔지 아니?
북book이 들어가니까 책은 책인 것 같은데 확실히 모르겠다고?
스크랩scrap은 작은 조각이라는 뜻이야.
신문이나 잡지 등에서 필요한 부분을 오려 낸 조각을 말하지.
그럼 스크랩scrap과 북book이 합쳐진 스크랩북scrapbook은 무슨 뜻일까?
스크랩북은 스크랩을 보관하기 위해 책처럼 만든 것이야.
즉, 빈 페이지들로 만들어져 있어 그곳에 신문이나 잡지 등에서 오려 낸 사진이나 기사 등을 붙여 놓은 거지.

scrap 작은 조각 + **book** 책 → **scrapbook** 스크랩북

한 가지 예를 더 들어 볼까?
키보드[keyboard]는 글자, 숫자, 기호 등을 나타내는 키[key]에 판이라는 뜻의 보드[board]를 합해서 만든 단어야.
컴퓨터를 사용할 때 키보드[keyboard]는 매우 중요하지.
키보드[keyboard] 위의 키[key]를 누름으로써 글자나 숫자, 기호 등을 입력할 수 있으니까 말이야.
이처럼 두 개의 단어가 모여서 하나의 단어처럼 쓰인 경우를 알아볼까?

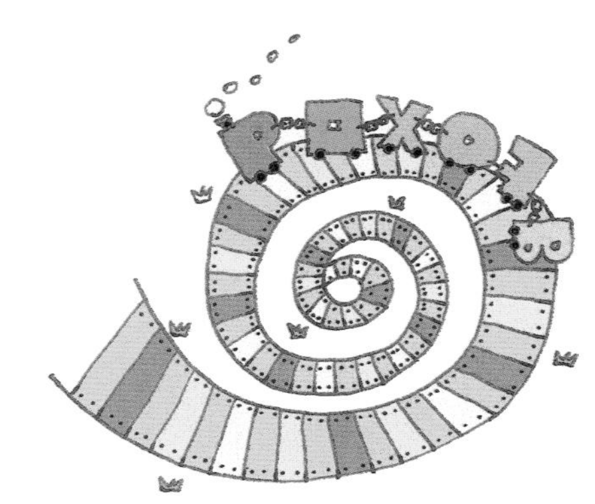

cable car

케이블카[cable car]는 강철로 만든 케이블[cable]을 감아 올려 사람을 운반하도록 만들어진 차[car]야. 남산이나 설악산 등 높은 산을 오를 때 관광용으로 사용되잖아.

stopwatch

스톱워치[stopwatch]는 육상이나 수영 등 운동 경기에서 주로 볼 수 있어. 초보다 더 작은 단위의 시간을 잴 수 있는 시계야. 달리기 연습할 때에도 많이 쓰이지.

wheelchair

휠체어[wheelchair]는 병원에서 흔히 볼 수 있는 바퀴[wheel] 달린 의자[chair]를 말해. 다리가 자유롭지 못한 사람이나 몸이 불편한 사람이 앉은 채로 이동할 수 있게 만들어졌지.

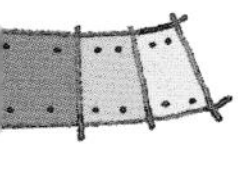

home page

미니홈피라는 말 들어 봤지? 여기에서 홈피는 홈페이지[home page]의 줄임말인데, 인터넷에 접속했을 때 처음으로 나타나는 화면을 말해.

콕콕 정답

제1일차

05쪽 1. 씨족 2. 집성촌 3. 분가
4. 명문가 5. 행정 6. 훼손

06쪽 ❶ 집성촌 ❷ 혈연 ❸ 촌락

07쪽 ❶ 고을 ❷ 성읍 ❸ 도읍

08쪽 ❶ 흙 ❷ 이루니 ❸ 성

09쪽

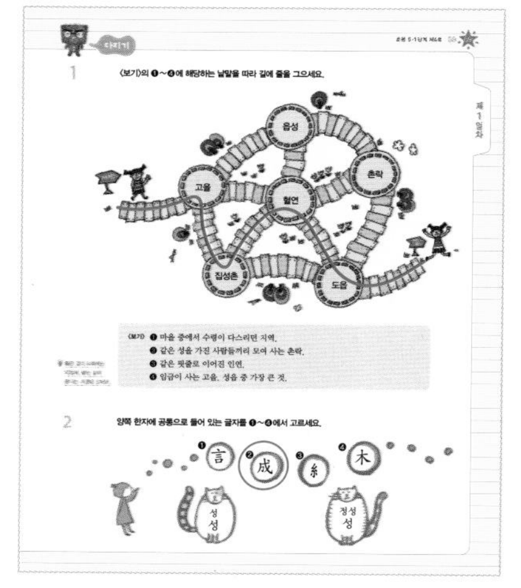

제2일차

10쪽 ❶ 행정 ❷ 행정 기관 ❸ 정부

11쪽 ❶ 행정 구역 ❷ 광역 ❸ 기초

12쪽 ❶ 땅 ❷ 혹시 ❸ 역

13쪽

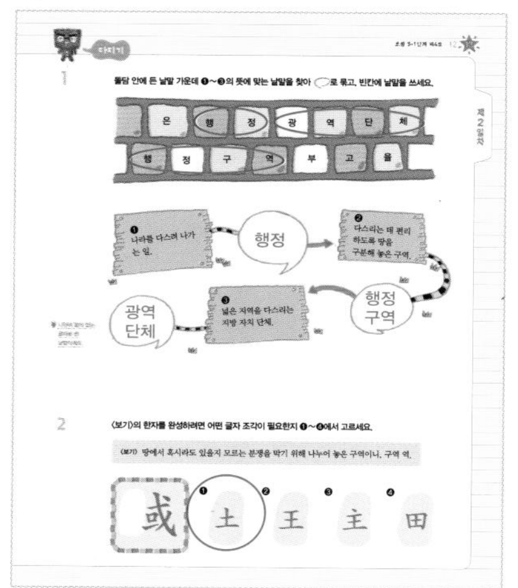

제3일차

17쪽 1. 미항 2. 밀집 3. 매립
4. 수거 5. 이기 6. 님비

18쪽 ❶ 밀집 ❷ 밀착 ❸ 과밀

19쪽 ❶ 과잉 ❷ 과소비 ❸ 과보호

20쪽 ❶ 입 ❷ 걸음 ❸ 과

21쪽

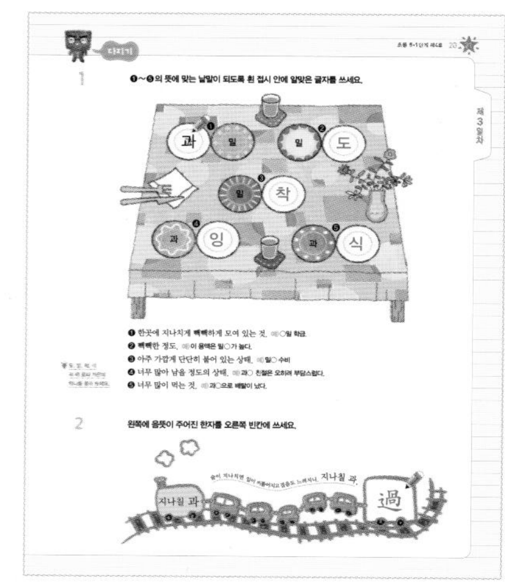

제4일차

22쪽 ❶ 매립 ❷ 악취 ❸ 님비

23쪽 ❶ 소각 ❷ 분진 ❸ 핌피

24쪽 ❶ 무덤 ❷ 마음 ❸ 악 ❹ 오

25쪽

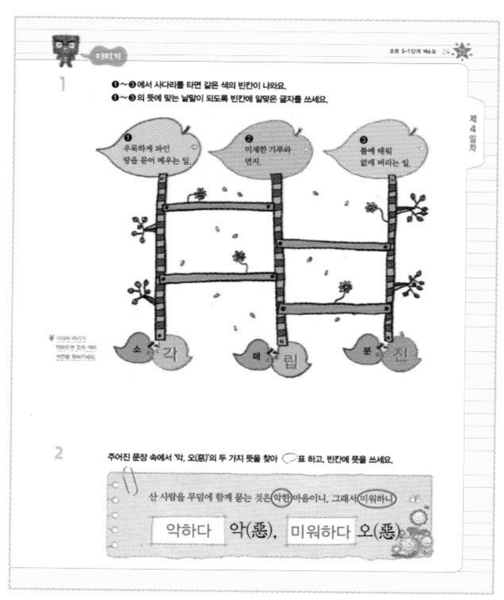

제5일차

도전! 어휘왕

28-29쪽

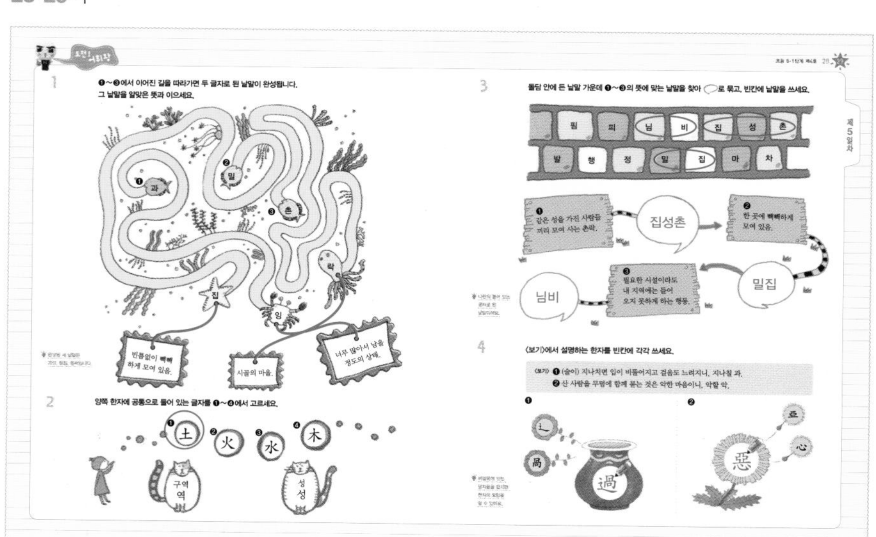

평가 문제

30-31쪽 1. ❺ 2. ❷ 3. ❷ 4. 고을 5. 집성촌
6. 님비 7. 핌피 8. 촌락 9. ❸ 10. 광역 단체

옛사람들의 행정 구역, 성(城)

성(城)은 옛사람들의 행정 구역이라고도 할 수 있지.
성은 그 기능과 재료, 형태에 따라 여러 가지 이름이 있단다.
성의 여러 종류와 관련된 낱말을 알아보자.

도성(都城) 도읍지【都】를 지키기 위해 쌓은 성(城)이야. 역사 지도에 나오는 옛 나라의 도읍들 중에는 국내성, 위례성, 개성처럼 '성'이란 이름을 쓴 경우가 많아. 서울에도 '서울 성곽'이라고 부르는 도성이 있었단다.

왕성(王城) 도성과 비슷한데, 특히 임금【王】이 사는 성(城)을 구분하여 부르는 말이야. 왕성 안에는 보통 중앙 관청과 임금의 거처인 궁궐, 종묘 등이 있는데, 이들 각각을 구분하여 성을 쌓기도 했어.

산성(山城) 산【山】을 빙 둘러 쌓은 성(城)이야. 산의 능선을 따라 성을 쌓으면 외적의 침입에 더욱 효과적으로 대비할 수 있었어. 북한산성, 남한산성, 청주에 남아 있는 상당산성 등이 그 예란다.

읍성(邑城) 고을【邑】을 지키기 위해 쌓은 성(城)이야. 옛 고을은 대부분 산을 뒤로하고 평지에 자리 잡고 있어서 평지와 산기슭을 둘러 감싸도록 성을 쌓았어. 해미 읍성, 낙안 읍성, 고창 읍성 등이 지금도 남아 있어.

장성(長城) 국경에 산과 산을 연결하여 길게【長】 쌓은 성(城)이야. 중국의 만리장성이 대표적이지. 우리나라에서도 고려 시대에 천리장성을 쌓았어.

나성(羅城) 도읍지를 두른 성 안에는 왕궁이 있기 마련이지. 왕궁은 중요한 곳이니까 왕궁을 둘러 성벽을 쌓고, 도읍지 주변 농토와 민가 주위로 또 성벽을 쌓아 이중으로 왕궁을 보호했단다. 두 겹으로 둘러진 바깥쪽 성은 '나성(羅城)', 안쪽의 성은 '내성(內城)'이라고 구분하여 불렀단다.

토성(土城) 흙【土】으로 쌓은 성(城)이란다. 지금 남아 있는 대표적인 토성은 몽촌 토성과 풍납 토성인데, 둘 다 백제 초기에 만들어진 아주 오래된 성이야.

망루(望樓) 성은 외적의 침입을 막기 위해 쌓은 것이지. 이때 성 밖을 멀리 바라보기【望】 위해 높은 곳에 지은 다락집【樓】을 망루라고 해.

마법의 상위권 어휘 스스로 평가표

01

다음 네 낱말 중 뜻을 자신 있게 말할 수 있는 낱말은 ○표, 알쏭달쏭한 낱말은 △표, 자신 없는 낱말은 ×표 하세요.

집성촌 (　　) | 행정 (　　) | 밀집 (　　) | 님비 (　　)

02

다음 네 한자 중 음과 뜻을 자신 있게 말할 수 있는 것은 ○표, 알쏭달쏭한 것은 △표, 자신 없는 것은 ×표 하세요.

城 (　　) | 域 (　　) | 過 (　　) | 惡 (　　)

03

〈평가 문제〉를 모두 풀고 정답을 확인해 보세요. 10문항 중 내가 맞힌 문항 수는 몇 개인가요?

❶ 9-10 문항 (　　) | ❷ 7-8 문항 (　　) | ❸ 3-4 문항 (　　) | ❹ 1-2 문항 (　　)

| 부모님과 선생님께 |

위에서 어린이가 스스로 적은 내용을 보고, 어린이가 어려워하는 부분을 함께 보면서 어휘의 뜻과 쓰임을 이해할 수 있도록 해 주세요.